Ian Baxter
BLITZKRIEG
Die Wehrmacht 1939-1942

Ian Baxter
BLITZKRIEG
Die Wehrmacht 1939-1942

VERLEGT BEI
KAISER

Titel des englischen Originals: »Ian Baxter/Blitzkrieg. The unpublished photographs 1939–1942«
Einzig berechtigte Übertragung aus dem Englischen: Mag. Edith March
Fachlich redigiert: Hans Kaiser

Deutsche Erstausgabe

Copyright © 2002 by Amber Books Limited
Copyright der deutschen Ausgabe © 2003 by Neuer Kaiser Verlag Gesellschaft m.b.H., Klagenfurt
Neuauflage: 2006
E-Mail: office@kaiserverlag.com
Homepage: www.kaiserverlag.com
Dieses Werk wurde erstmals 2003 auf Grund einer Vereinbarung mit Amber Bocks Ltd. veröffentlicht.
Kein Teil des Werkes darf in irgendeiner Form (durch Fotografie, Mikrofilm oder ein anderes Verfahren)
ohne schriftliche Genehmigung des Verlages reproduziert oder unter Verwendung
elektronischer Systeme verarbeitet, vervielfältigt oder verbreitet werden.
Einbandgestaltung: Volkmar Reiter
Satz: Context Type & Sign Pink, St. Veit/Glan
Druck und Bindearbeit: Gorenjski Tisk, Kranj-Slowenien

Inhalt

6 Kapitel 1
Deutschlands Wiedergeburt
Hitlers Hasardspiel in der Zwischenkriegszeit

32 Kapitel 2
Beginn des Blitzkriegs
Der Überfall auf Polen

64 Kapitel 3
Der Westfeldzug
Der Angriff auf die Niederlande und auf Belgien

90 Kapitel 4
Die Straße nach Dünkirchen
Der Zusammenbruch der Alliierten

116 Kapitel 5
Das Ende naht
Der Fall Frankreichs

146 Kapitel 6
Die Krise in der Wüste
Die Ankunft des Afrikakorps

190 Kapitel 7
Der letzte Akt
Das Ende des Blitzkriegs in der Wüste

223 Namenregister

KAPITEL 1

DEUTSCHLANDS WIEDERGEBURT

Hitlers Hasardspiel in der Zwischenkriegszeit

Adolf Hitler hatte bei seiner Machtergreifung im Januar 1933 eine klare Vorstellung davon, wie er seine politischen und militärischen Ziele zu erreichen gedachte. Neben der deutschen Wiederaufrüstung war die Änderung des Versailler Vertrages von größter Bedeutung. Dementsprechend sorgte er in den folgenden zwei Jahren für die heimliche Wiederaufrüstung und den Ausbau seines Heeres, wobei aber ein militärischer Präventivschlag der Siegermächte gegen Deutschland vermieden werden musste. Das deutsche Heer erhielt den Befehl, bis zum Oktober 1934 seine Stärke von 100.000 auf 300.000 Mann auszubauen. Die deutsche Marine begann mit einem neuen Schiffsbauprogramm, die Luftwaffe mit der Entwicklung von Kriegsplänen. Die Ausbildung der Piloten erfolgte unter dem Deckmantel des Deutschen Luftsport-Verbands.

Bis Januar 1935 wurde der Ausbau der deutschen Streitkräfte rasch vorangetrieben, gleichzeitig erhöhte das Reichsluftfahrtministerium die Flugzeugproduktion. Mitte März folgte die Einführung der allgemeinen Wehrpflicht, und bis zum Herbst 1936 hatte das Heer eine Stärke von 36 Infanterie- und drei Panzerdivisionen erreicht. Die Panzerverbände waren bei Testmanövern erprobt worden und hatten sich bewährt, was Hitler und die Heeresführung vom Gefechtswert dieser neuen Waffe überzeugte. Panzerverbände kamen nun verstärkt zum Einsatz, und Infanteriedivisionen wurden zur Erhöhung der operativen und taktischen Beweglichkeit motorisiert. Für die »Vorwärtsverteidigung« bzw. die Erreichung »ehrgeiziger Ziele« wollte Hitler seinem Heer gepanzerte und motorisierte Einheiten in größerer Stärke zur Verfügung stellen.

Die Wiederbesetzung des Rheinlands

Für Hitler war die Zeit nun reif, mit dem wieder erstarkten deutschen Heer das entmilitarisierte Rheinland zu besetzen. Nach den Bedingungen des Versailler Friedensvertrags von 1919 waren dem Deutschen Reich der Bau von Befestigungsanlagen, die Truppenstationierung sowie militärische Vorbe-

Links: Vor dem Einmarsch in Österreich kam es vor der Grenze zu Verkehrsstaus, oft in einer Länge von 3 km.

Gegenüber: Anfang Oktober 1938. Kräder (Krafträder), gepanzerte und ungepanzerte Fahrzeuge sowie Mannschaftswagen der 20. motorisierten Division folgen dem Standartentrupp der Division durch eine österreichische Stadt.

reitungen jeglicher Art in diesem Gebiet verboten, das das gesamte deutsche Gebiet westlich des Rheins sowie einen etwa 56 km breiten Streifen am Ostufer mit den Städten Bonn, Köln und Düsseldorf umfasste.

Diese entmilitarisierte Zone war Hitler ein Dorn im Auge und er war entschlossen, das Rheinland wieder zu besetzen, auch wenn mit einem militärischen Vergeltungsschlag Frankreichs oder Großbritanniens zu rechnen war. Ein gewagtes Unternehmen also, aber dieses Risiko war Hitler bereit einzugehen. Im März 1936 näherten sich die deutschen Truppen, die mit 30.000 regulären Soldaten und einer Verstärkung aus Einheiten der Landespolizei hoffnungslos unterbesetzt waren, der Hohenzollernbrücke in Köln, um mit dem so genannten Unternehmen »Winterübung« zu beginnen. Beim Marsch über die Brücke wurden die Soldaten von einer jubelnden Menge Tausender drängender Menschen begrüßt, die ihnen Blumen und Papierschlangen zuwarfen. 18 Jahre vorher waren desillusionierte deutsche Soldaten nach ihrer Niederlage an der Westfront über diese Brücke gegangen. Jetzt waren sie zurückgekehrt, diesmal unter den begeisterten Zurufen ihrer Landsleute. Nur drei der 19 Infanteriedivisionen überquerten an diesem Tag den Rhein. Sie hatten den Befehl, Rückzugsgefechte zu führen, sollten sie von der französischen Armee angegriffen werden. Doch weder die Franzosen noch ihre britischen Verbündeten zogen militärische Aktionen ernsthaft in Erwägung.

Hitlers Rechnung war aufgegangen. Er fühlte sich in seiner Vorgehensweise bestätigt, und machtbesessen wie er war,

7

BLITZKRIEG

begann er weitere ehrgeizige Expansionspläne zu schmieden. Sein nächstes Ziel hatte er schon fest ins Auge gefasst: Österreich.

Der Anschluss Österreichs

Für Hitler war die gesamte österreichische Geschichte ein wesentlicher Teil der deutschen Geschichte und mit ihr untrennbar verbunden. Wie schon bei der Besetzung des Rheinlands, glaubte er nicht daran, dass Großbritannien und Frankreich militärische Maßnahmen ergreifen würden, um ihn auf seinem Kreuzzug zu stoppen. Um aber kein übermäßiges Risiko einzugehen, galt es, eine günstige Gelegenheit für eine militärische Besetzung abzuwarten. Diese Gelegenheit lieferte ihm der österreichische Kanzler Kurt Schuschnigg, dem die österreichischen Nationalsozialisten Schwierigkeiten bereiteten, deren Putschversuch in Wien jedoch gescheitert war. Hitler forderte deshalb eine Anpassung Österreichs an die deutsche Politik und eine Amnestie für politische Häftlinge, in erster Linie für österreichische Nationalsozialisten. Um den Druck auf die österreichische Regierung noch weiter zu verstärken, ordnete er Manöver nahe der österreichischen Grenze an.

Schuschnigg ließ sich jedoch durch das immer größere Ressentiment, das ihm der Führer entgegenbrachte, nicht einschüchtern und versuchte verzweifelt, die sich zuspitzende Situation zu retten. Am 12. März 1938 kündigte er daher eine Volksabstimmung über die Frage der Unabhängigkeit Österreichs an. Da für die Abstimmung ein Mindestalter von 24 Jahren festgesetzt wurde – die Nationalsozialisten fanden vor allem unter der jungen männlichen Bevölkerung viele Anhänger – und alle NSDAP-Mitglieder vom Wahlrecht ausgeschlossen waren, fühlte sich Hitler nun zu einer Invasion Deutschlands in Österreich gezwungen.

Stunde um Stunde erhöhte er den Druck auf die österreichische Regierung und den österreichischen Bundespräsidenten, Wilhelm Miklas, indem er den Einmarsch der deutschen Truppen androhte. Am Abend des 11. März musste Schuschnigg, der bald von Arthur von Seyß-Inquart als Kanzler abgelöst werden sollte, der NS-Führung schließlich versichern, dass es beim Einmarsch deutscher Truppen keinerlei Widerstand seitens des österreichischen Heeres geben würde. Hitler war erleichtert, nicht nur weil er Bedenken wegen eines möglichen Blutvergießens unter seinen deutschen Landsleuten hatte, sondern auch in Erwägung einer Intervention des Auslands.

Oben: Ein mittlerer Horch-Geländewagen mit dem Divisionszeichen auf dem rechten Kotflügel und dem taktischen Zeichen einer Infanteriedivision auf dem linken. Das Fahrzeug wurde am linken Kotflügel mit einem Metallrahmen für die Kommandoflagge ausgerüstet. Der Fahrer, mit dem Dienstgrad eines Gefreiten, wird von seinen Kameraden beim Überqueren einer kleinen Holzbrücke an der österreichischen Grenze eingewiesen. Alle drei Soldaten tragen den Einheitswaffenrock. Zu sehen sind auch die Patronentaschen für das Gewehr beim Soldaten hinter dem Horch-Geländewagen.

Links: Soldaten beim Abbauen eines Holzgatters an der österreichisch-deutschen Grenze. Anscheinend werden auch Felsbrocken und andere Hindernisse aus dem Weg geräumt und Löcher aufgefüllt, damit die Fahrzeuge passieren können. Die Überquerung der österreichischen Grenze wurde stark publik gemacht mit Propagandaaufnahmen von der »glorreichen« Wiedervereinigung der deutschen Soldaten mit ihren österreichischen »Brüdern«. Dieses Foto wurde jedoch schon vor der offiziellen Grenzüberschreitung der Wehrmacht am 13. März 1938 aufgenommen. An zahlreichen Orten wurden davor schon Vorbereitungen in voller Zusammenarbeit mit der österreichischen Grenzpolizei getroffen.

Um 8.00 Uhr am 13. März strömten Hitlers Truppen über die österreichische Grenze, und mancherorts wurden die Grenzbalken sogar von der österreichischen Bevölkerung selbst entfernt. Es war wohl mehr ein glorreicher Einzug als ein militärischer Einmarsch. Als sich Panzer, Pferdewagen und Infanterie ins Land ergossen, wurden sie mit euphorischen »Sieg Heil!«-Rufen von Frauen und Kindern empfangen, die sie mit Blumen geradezu überschütten. Die Panzer wurden mit Laub und den Flaggen beider Nationen geschmückt. Österreich befand sich in einem unglaublichen Freudentaumel. Hitler war sichtlich gerührt. Endlich kehrte Österreich heim ins Reich.

Das Sudetenland

Als Hitler nach der unblutigen Eroberung Österreichs ins Land einzog, machte er gegenüber seinem Begleiter, General Franz Halder, die Bemerkung, dass dies den Tschechen gar nicht passen würde. Das war eine arge Untertreibung. Der Anschluss Österreichs hatte das politische und militärische Gleichgewicht in der Tschechoslowakei ernsthaft gestört. Im Gegensatz zu Österreich verfügte die Tschechoslowakei jedoch über eine starke Armee. Schon vor 1933 hatte Hitler das Land als besonders gefährlich eingestuft, insbesondere wegen seiner politischen Verbindung mit Großbritannien und Frankreich, was ihn aber nicht davon abhielt, fast unmittelbar nach dem Anschluss Österreichs Ansprüche auf das vorwiegend von deutschsprachiger Bevölkerung bewohnte Sudetenland zu erheben. Er wollte, wie er meinte, der Unterdrückung der Sudetendeutschen durch die tschechische Regierung nicht mehr länger zusehen. Am 20. Mai 1938 legte er seinen Generälen einen ersten Angriffsplan für die Tschechoslowakei vor, der den Decknamen »Fall Grün« trug. Die tschechische Regierung reagierte auf die deutschen Truppenbewegungen mit einer Teilmobilisierung, und Großbritannien und Frankreich drohten Deutschland Konsequenzen für eventuelle militärische Aktionen an. Die Tschechoslowakei war jenes Land, in dem Hitler seine Blitzkriegstaktik zum ersten Mal anwenden wollte. Der Blitzkrieg zeichnete sich vor allem durch schnelle Vorstöße mit Panzerverbänden bei gleichzeitiger Luftüberlegenheit aus. Hitler war sich sicher, dass es mit dieser neuen Art der Kriegsführung nur eine Frage von ein paar Tagen wäre, bis die Tschechoslowakei besiegt und unter deutscher Kontrolle wäre.

Sowohl Großbritannien als auch Frankreich wurden immer weiter in die Streitfrage hineingezogen. Die Regierungen beider Länder drängten die Tschechen zu Konzessionen gegenüber den Sudetendeutschen. Großbritannien stand einer Einverleibung des Sudetenlands ins Deutsche Reich ziemlich bereitwillig gegenüber, solange diese auf dem Verhandlungsweg zu Stande kam. Es erfolgten weitere Drohungen von Hitler, doch die waren gar nicht mehr nötig. Bei der Münchner Konferenz gelang es ihm, dem britischen Premierminister Neville Chamberlain und dem französischen Premierminister Edouard Daladier das Zugeständnis abzuringen, dass das Sudetenland an Deutschland abzutreten wäre. Die Tschechen wurden in die Gespräche gar nicht mit einbezogen.

Als die Wehrmacht schließlich am 1. Oktober 1938 in das Sudetenland einrollte, wurde sie wieder mit offenen Armen empfangen. Tausende Sudetendeutsche säumten die Straßen, streuten in den Dörfern und Städten Blumen und begrüßten die Soldaten mit einem Gläschen Schnaps. Das waren freudige Augenblicke für die deutschen Soldaten, die hier als Blutsbrüder oder Befreier empfangen wurden. Ihr nächster Schritt in Europa sollte nicht mehr so gut aufgenommen werden.

Oben: An vielen österreichischen Grenzübergängen wurde der Transport von schwerer Ausrüstung mit Pferdewagen und Panzerfahrzeugen durch den schlechten Straßenzustand behindert. Einige Brücken erwiesen sich für schwere Panzer als unpassierbar und mussten mit Holzgerüsten abgestützt werden. Hier beaufsichtigen Offiziere Einheiten vom Reichsarbeitsdienst (RAD) und Wehrmachtsoldaten beim Fällen von Nadelbäumen an der österreichisch-deutschen Grenze. Die Stämme dienen zur Befestigung einiger schwer zu passierender Straßen und Brücken. Die Soldaten sind nur leicht bewaffnet, nur einer von ihnen, vermutlich ein Kradfahrer, hat eine Stielhandgranate M1924 durch seinen Patronentaschengurt gesteckt. Bei der Stielhandgranate musste man vor dem Werfen an einer Schnur an der Unterseite der Granate ziehen. Bis zur Detonation blieben dann nicht einmal mehr fünf Sekunden, sie (über Kopf) zu werfen. Der Anschluss Österreichs ging jedoch friedlich über die Bühne.

Die Besetzung der Tschechoslowakei

Trotz der unblutigen Eroberung des Sudetenlands war Hitler mit dem Münchner Abkommen nicht zufrieden, denn er sah darin einen Versuch des Westens, Deutschland in seiner Handlungsfreiheit einzuschränken und von seinen Vorhaben im Osten abzuhalten. Dieser »Fetzen« Papier, den er da unterzeichnet hatte, konnte ihn nicht dazu zwingen, die Grenzen der Tschechoslowakei zu garantieren, denn für ihn war die Existenz einer unabhängigen Tschechoslowakei inakzeptabel.
Nur drei Wochen nach dem triumphalen Einzug der Wehrmacht in das Sudetenland begann er mit den Vorbereitungen für eine völlige Auslöschung der Tschechoslowakei. Hatte er vorher die Sudetendeutschen gegen die Tschechen benutzt, so wollte er jetzt die Slowaken in einer ähnlichen Rolle sehen. Fünf Monate lang versuchte Hitler, die Slowaken zu Unabhängigkeitsforderungen zu ermutigen. Als die über die slowakischen Unabhängigkeitsbestrebungen verärgerten Tschechen dann am 9. März 1939 die slowakische Regierung entließen, benutzte Hitler die Gelegenheit und holte zum Schlag aus. Fünf Tage später versuchte die tschechische Regierung verzweifelt, eine deutsche Invasion abzuwenden, doch das ließ Hitler kalt. Er drohte dem tschechischen Präsidenten Emil Hácha mit der Bombardierung Prags, sollten seine Truppen nicht die Waffen niederlegen. Nach einem Herzanfall stimmte Hácha schließlich der Unterzeichnung eines Kommuniquees zu und legte damit das Schicksal der Tschechoslowakei in Hitlers Hände.
Am 15. März 1939 besetzten Hitlers Armeen Böhmen und Mähren, und am 23. März annektierten sie Memel, eine litauische Stadt mit deutschstämmigen Einwohnern. In den ersten zwei Wochen nach dem siegreichen Einzug in Memel, am 3. April 1939, gab Hitler mit einer geheimen Weisung an seine Streitkräfte den Startschuss für den »Fall Weiß«. Unter diesem Decknamen sollte der Überfall auf Polen stattfinden.

DEUTSCHLANDS WIEDERGEBURT

Oben: Bei Tagesanbruch am 13. März 1938 marschieren zwei Wehrmachtsoldaten und ein Offizier Richtung österreichische Grenze, um vor einer jubelnden Menge von Österreichern den Grenzbalken der Stadt feierlich zu öffnen. Nur 24 Stunden vorher hatte Hitler Plänen für eine Invasion in Österreich zugestimmt, sollte die österreichische Regierung seinen Bedingungen nicht zustimmen. Im ganzen Land besetzten österreichische Nationalsozialisten bereits Rathäuser und Regierungsämter und warteten gespannt auf die Nachricht, dass die Grenze überschritten und der Anschluss Österreichs vollzogen sei.

Unten: Von einer jubelnden Menge werden die deutschen Truppen an der österreichischen Grenze empfangen. An der Dorfstraße erheben Hunderte begeisterter und jubelnder Kinder die Hand zum Hitlergruß als Zeichen ihrer Unterstützung für den Anschluss. Viele der Kinder trugen entweder ihr »Sonntagsgewand« oder Tracht und hatten Blumen gepflückt, um den Weg der endlosen Truppenkonvois zu schmücken. Hierbei handelt es sich aber nicht um ein Propagandafoto, sondern um eine Aufnahme von einem Soldaten auf der Durchfahrt durch das erste von vielen Dörfern auf seinem Weg nach Wien.

Oben: Die Soldaten werden von den Dorfbewohnern bestürmt und können nicht widerstehen, kurz zu halten und mit einem Glas Wein auf den Anschluss anzustoßen. Von den Frauen aus dem Dorf wurden sie mit dem für Österreich typischen Edelweiß geschmückt. Zwei Soldaten tragen anscheinend den wasserdichten Kradmantel der »alten Armee«, ein beliebter und praktischer Ausrüstungsteil, der mit Fingerhandschuhen oder Fäustlingen aus Leder und Zeltleinwand getragen wurde sowie mit Überschuhen und hohen Gamaschen oder Heeresstiefeln. Zu sehen sind auch die Gasmaskenbüchsen. Sie sollten die Fahrt in den Fahrzeugen oder auf den Krädern erleichtern und wurden nicht auf dem Rücken getragen, sondern hingen vorne hinunter.

Unten: Österreichische Kinder dürfen einmal eine richtige deutsche Kriegswaffe anschauen und anfassen: eine 3,7-cm-Pak 35/36, die Standard-Panzerabwehrkanone der Wehrmacht. Sie wog nur 432 kg und hatte einen abgeschrägten Schutzschild. Das Rohr (Rohrlänge L/42) feuerte ein Vollgeschoss mit einer Mündungsgeschwindigkeit von 762 m/s auf eine maximale Reichweite von 4025 m. Bei senkrechtem Auftreffen konnte diese Panzerabwehrkanone eine 48 mm starke Panzerung mühelos durchschlagen, 36 mm Panzerstahl schaffte sie bei einem Auftreffwinkel von 30°. In Polen bewährte sich diese Waffe im Einsatz gegen die feindlichen Panzer, die ihren Besatzungen nur begrenzten Schutz boten.

DEUTSCHLANDS WIEDERGEBURT

Unten: Unteroffiziere genießen gemeinsam mit ihren Offizieren ein Gläschen Wein und feiern den Anschluss am 13. März 1938. Der Soldat rechts im Rang eines Hauptfeldwebels und sein kommandierender Offizier (links im Bild) tragen lederne Kartentaschen. Wenige Tage nach dem triumphalen Einzug in Österreich sprachen sich 99,08 Prozent der Deutschen für Hitlers Vorgehen aus. In Österreich selbst war die Zahl sogar noch höher: 99,75 Prozent waren dafür. Die Soldaten stehen zwanglos beisammen und lauschen der Radioansprache ihres Führers, der sich bei ihnen für den Anschluss bedankte, der stolzesten Stunde seines Lebens.

Links: Nach Hitlers triumphalem Einzug am 14. März 1938 ist dieser leichte Panzerspähwagen SdKfz 221 auf der Straße nach Wien im Straßengraben stecken geblieben. Nun wird überlegt, wie man ihn am besten wieder flott bekommt. Dieses vierrädrige Fahrzeug mit einem Gewicht von 3,75 Tonnen war mit einer 2-cm-KwK 30 und einem koaxialen 7,92-mm-MG 34 im oben offenen Drehturm bestückt. Angetrieben wurde es von einem Auto-Union-Horch-Achtzylindermotor mit 75 PS, die Höchstgeschwindigkeit auf der Straße betrug 80 km/h bei einem Fahrbereich von 280 km. Im Gelände betrug die Höchstgeschwindigkeit nur 32 km/h mit einem Fahrbereich von nur 200 km.

Oben: Drei noch sehr kleine österreichische Kinder in einem Horch-Geländewagen. Der Junge links trägt eine Feldmütze M1938, der Junge rechts einen Stahlhelm M1935. Hinter ihnen sieht man eine aufgerollte Zeltbahn, die ans Heck des Fahrzeugs geschnallt wurde. Die Zeltbahn, ein wasserdichtes Dreieck aus Zeltleinwand, wurde für die gesamte Wehrmacht ausgegeben. Wenn man sie nicht brauchte, wurde sie zusammengerollt und am Sturmgepäck befestigt. Zwei Zeltbahnen konnten zu einer Schutzbehausung verbunden werden. Sie war ein wichtiger Ausrüstungsgegenstand für Schlechtwetter.

Oben: Schließlich wurden alle Bedenken wegen eines europäischen Krieges beiseite gewischt und deutsche Truppen überqueren bei Tagesanbruch am 1. Oktober 1938 die Grenze zwischen Deutschland und dem Sudetenland. Eine Gruppe deutscher Journalisten des Reichspropagandaministeriums auf einem alten Lastwagen aus den 1920er-Jahren fotografiert, während sie unter dem geöffneten Grenzbalken ins Sudetenland durchfährt. Über die sinkende Moral in der deutschen Bevölkerung durften die Journalisten hingegen nicht schreiben. Hitler war immer noch zuversichtlich, dass das Münchner Abkommen die Angelegenheit mit der Tschechoslowakei für immer regeln würde.

DEUTSCHLANDS WIEDERGEBURT

Oben: An der Grenze zwischen dem Sudetenland und Deutschland kommen Einheimische den deutschen Soldaten zur Begrüßung entgegen, die gerade den Grenzbalken öffnen und durchmarschieren wollen. Ein Offizier wird herzlich mit Handschlag und Blumen begrüßt. Für Propagandazwecke wurden viele Aufnahmen aus dem Sudetenland gestellt, doch dieses Foto wurde von einem Soldaten geschossen und zeigt die wahre Begeisterung dieser kleinen Dorfgemeinschaft. Flaggen und andere NS-Wimpel flattern von den Hotelfenstern als Zeichen dafür, wie sehr sich die Sudetendeutschen nach den vermeintlichen Vorteilen einer Einverleibung ins Deutsche Reich sehnten.

15

BLITZKRIEG

Oben: Sudetenland, Oktober 1938. Neugierige Kinder vor einem achträdrigen SdKfz 263. Dieses Fahrzeug wurde an die Nachrichtenabteilung der motorisierten Infanterie und der Panzerdivisionen sowie an Korps- und Armeehauptquartiere ausgegeben. Der Panzerfunkwagen (SdKfz 263) war mit einer Funkausrüstung mit großer Reichweite ausgestattet. Mannschaft und Teleskopantenne waren durch eine Planenabdeckung geschützt. Als diese Fahrzeuge ein Jahr später im September 1939 am Überfall auf Polen eingesetzt wurden, verfügten viele über spezielle seitlich befestigte Metallboxen für Handgranaten.

Rechts: Eine Kolonne aus Horch-Geländewagen, Krädern mit Seitenwagen, achträdrigen schweren Panzerspähwagen (SdKfz 231) und verschiedensten anderen Fahrzeugen überquert die Grenze ins Sudetenland. Und was die drängenden Massen am Straßenrand betrifft, einen solchen Jubel hatten diese Soldaten nicht mehr seit dem Anschluss Österreichs erlebt. Viele Soldaten handelten aus Pflichtgefühl und waren stolz darauf, an einer weiteren unblutigen Eroberung teilzunehmen, bei der Deutschsprachige endlich wieder mit dem Reich vereint wurden. Nur fünf Jahre nach seiner Machtergreifung hatte Hitler Deutschland von einem seiner Tiefstpunkte in der Geschichte in die Position einer führenden Macht in Europa hinaufgehoben.

Rechts: Eine Kolonne von Krädern mit Seitenwagen wird auf der Fahrt durch eine Stadt im Sudetenland am 5. Oktober 1938 von den Einwohnern jubelnd empfangen. Blumenketten und Sträuße werden auf die vorbeiziehende Kolonne geworfen, andere drücken ihre Begeisterung mit »Sieg Heil!«-Rufen und dem Hitlergruß aus. Das zweite Krad von vorne hat auf dem Seitenwagen eine Halterung für das MG 34, damit es während der Fahrt abgefeuert werden konnte.

Unten: Soldaten der Wehrmacht beobachten gepanzerte Fahrzeuge auf der Durchfahrt durch ein Dorf im Sudetenland, 5. Oktober 1938. Beim letzten Panzerfahrzeug handelt es sich um ein SdKfz 263. M98a-Gewehre wurden mit MG 34 in Reihe aufgestellt. Diese kleine Parade war höchstwahrscheinlich eine Zurschaustellung militärischer Macht, da sich unter den Zuschauern auch Zivilisten und Angehörige der Grenzpolizei befinden. In den frühen Jahren der deutschen Blitzkriegsiege wurden Militärparaden in immer größerem Umfang und größerer Zahl veranstaltet. In Warschau, Paris und Tripolis stellten die Deutschen ihre militärische Stärke und ihr Kriegsmaterial dann mit maximaler Propagandawirkung zur Schau.

BLITZKRIEG

Oben: Ein Krad mit Seitenwagen passiert ein weiteres jubelndes Dorf. Solche Szenen waren im gesamten deutschsprachigen Gebiet der Tschechoslowakei nichts Außergewöhnliches. Aber während die deutschen Truppen noch siegreich durch die Straßen marschierten und als Befreier bejubelt wurden, planten Hitler und seine höchsten Militärberater bereits die nötigen Schritte für den nächsten Zug: den bevorstehenden Angriff auf Böhmen und Mähren.

Rechts: Oktober 1938 – schon vor einer deutschen Invasion bringen Sudetendeutsche ihre Freude darüber auf diesen Mauern zum Ausdruck. Horch-Geländewagen passieren einen unbewachten Grenzpunkt. An einigen Orten kletterte die Grenzpolizei auf die Panzerfahrzeuge, um gleich mitzufeiern. Die Besetzung des Sudetenlands erfolgte zwischen dem 1. und dem 10. Oktober 1938. Fast alle tschechischen Befestigungsanlagen konnten eingenommen werden, ohne dass ein einziger Schuss fiel.

DEUTSCHLANDS WIEDERGEBURT

Unten: Unter einem zur Begrüßung angebrachten Spruchband strömen weitere deutsche Fahrzeuge ins Sudetenland. In ganz Deutschland wurden Fotoserien von der unblutigen Einnahme veröffentlicht. Hitler hatte sowohl für den Anschluss Österreichs als auch des Sudetenlands die Presse als wirksame Propagandawaffe benutzt. Für Hitler war das Jahr 1938 »nicht das Ende einer historischen Epoche«, sondern »erst der Anfang einer großen historischen Epoche« der deutschen Nation. Die Tschechoslowakei mit ihrer modernen Armee und ihren beachtlichen militärischen Ressourcen hielt er für eine lästige Bedrohung an Deutschlands Südostflanke.

Links: Soldaten vor Plakaten, die gerade in vielen Städten und Dörfern des Sudetenlandes affichiert wurden. Es waren Aufrufe an die Sudetendeutschen, sich der Wehrmacht anzuschließen. Zwischen dem 1. und dem 10. Oktober 1938 nahm die Wehrmacht entlang der gesamten neuen tschechoslowakischen Grenze Aufstellung und behielt die nervösen tschechischen Truppen in ihren provisorischen Verteidigungsstellungen im Auge. Fünf Monate lang musste die tschechoslowakische Nation in ständiger Angst vor der drohenden Invasion leben.

19

BLITZKRIEG

Oben: Ein SdKfz 263 fährt durch ein Dorf im Sudetenland und wird von einigen Ortsbewohnern mit dem Hitlergruß empfangen. Der Fahrzeugkommandant trägt die Panzerschutzmütze und die schwarze Sonderuniform, die von der neuen Panzerwaffe der Wehrmacht getragen wurde. Diese Sonderuniform war für alle Dienstgrade gleich und wurde von allen Männern in gepanzerten Fahrzeugen getragen.

Oben: Ein tschechischer Kommandant bei der formellen Übergabe seines Armeehauptquartiers an einen deutschen Offizier am 5. Oktober 1938. Als formelle Kapitulationserklärung dient die weiße Flagge des tschechischen Soldaten dahinter. In vielen Gebieten des Sudetenlands erfolgte eine formelle Übergabe von Provinzen, Städten und Dörfern durch die tschechische Armee. Es kam aber auch vor, besonders entlang der Grenze zur Tschechoslowakei, dass Offiziere ihren Männern befahlen, in aller Stille abzuziehen, um sich die Schmach zu ersparen.

Unten: Ein deutscher Offizier in seinem Horch-Geländewagen salutiert vor dem sudetendeutschen Polizeichef. Mit dem Einsatz militärischer Kräfte im Sudetenland waren Polizeibeamte für die Wiederherstellung der Stabilität zwischen der deutschsprachigen Bevölkerung und den Tschechen von großem Wert. Viele von ihnen sprachen nicht nur fließend Tschechisch, sondern gaben auch noch sehr gute Spitzel ab, insbesondere gegen jene Personen, die als tschechische Sympathisanten oder Gegner des NS-Regimes betrachtet wurden.

BLITZKRIEG

Oben: Durch ein Scherenfernrohr zeigt ein Infanterist der Wehrmacht einem Jugendlichen Deutschland, das große Vaterland, in der Ferne. Wie in Österreich, wurden auch im Sudetenland die Kinder rücksichtslos mit den Idealen eines neuen, größeren Deutschen Reichs indoktriniert. Der Anschluss beider Länder sollte eine Beitrittswelle zur Hitlerjugend auslösen, die bis Ende 1938 insgesamt 8.700.000 Mitglieder zählte.

DEUTSCHLANDS WIEDERGEBURT

Rechts: Am unbewachten Grenzpunkt Sebastianberg erheben Kinder für diese Aufnahme ihre Hände zum Hitlergruß. Einer der Buben trägt die Hitlerjugenduniform. Bald sollten auch seine Freunde gezwungen werden, sich der Hitlerjugend anzuschließen, als ein aggressives Rekrutierungsprogramm im Sudetenland gestartet wurde. Schon vor dem Anschluss Österreichs und des Sudetenlands gründete das deutsche »Propagandaamt« der Reichsjugendführung, das auch die HJ-Zeitschriften herausgab, einen Buchklub, der speziell darauf abzielte, die Botschaft des Nationalsozialismus unter Tausenden österreichischen und Kindern des Sudetenlandes zu verbreiten.

Links: Eine Mädchengruppe begrüßt ein vorbeifahrendes Fahrzeug der Wehrmacht und erhebt zu Ehren des geliebten »Führers« den rechten Arm. Diese Mädchen sollten schon bald in den Bund Deutscher Mädel eintreten. Nach der NS-Ideologie sollten Mädchen vor allem zu guten Hausfrauen und Müttern erzogen werden. Sie sollten dem Vaterland viele reinrassige Kinder gebären und vaterlandstreue deutsche Mütter sein, so lautete auch das Motto des Bunds Deutscher Mädel. 1938 konnten alle Buben und Mädchen über das deutsche »Propagandaamt« der Reichsjugendführung billig Bücher beziehen, die gespickt waren mit nationalsozialistischem Gedankengut. Die Literatur des Propagandaamts zielte speziell auf die jungen Leute anderer deutschsprachiger Länder in Europa ab.

BLITZKRIEG

Unten: Soldaten posieren mit einer Gruppe deutschsprachiger Kinder in einem mittleren Horch-Geländewagen für ein Foto, 6. Oktober 1938. Die Kinder tragen Stahlhelme M1935 und Feldmützen M1938. In dieser Zeit wurden im Reich zahlreiche Propagandafotos veröffentlicht, die begeisterte Kinder mit deutschen Soldaten zeigten. Dieses Privatfoto wurde auf Bitte der Eltern der Kinder aufgenommen, die den Anschluss als einen stolzen Augenblick in der Geschichte ihres Landes sahen.

DEUTSCHLANDS WIEDERGEBURT

Oben: Dieses Foto könnte man fälschlicherweise als Beginn der Kampfhandlungen mit den tschechischen Kräften interpretieren, doch der schwarze Rauch stammt von der Sprengung eines Grenzkontrollpunkts. Aufgenommen wurde es höchstwahrscheinlich von einem Kradmelder, da das Krad mit Seitenwagen ganz im Bild ist. Zu sehen sind auch die taktischen Zeichen vorne auf dem Seitenwagen. Die Zahl »3« kennzeichnet die 3. Kompanie der 20. motorisierten Division.

Unten: In der Stadt Görkau werden tschechische Soldaten und Polizisten nach versteckten Waffen durchsucht, denn die Lage an der Grenze zur Tschechoslowakei wurde immer angespannter. Die deutschen Soldaten tragen die damalige Standardausrüstung. Besonders interessant ist der Kradmelder (Mitte links), der Brillen trägt, die normalerweise an die Flugbesatzungen der Luftwaffe ausgegeben wurden. Außerdem hält er eine Munitionskiste, was darauf schließen lässt, dass die Soldaten hier eventuell mit Widerstand rechneten.

Unten: Eine Parade von Trommlern und Flötenspielern, darunter Regimentsmusiker und Trompeter, spielt zum Jubel der befreiten deutschsprachigen Bevölkerung auf. Deutlich zu sehen sind die so genannten »Schwalbennester« der Musikanten. An diesem traditionellen Uniformschmuck erkannte man die Waffengattung des Trägers sowie seine Zugehörigkeit zur Militärmusik. Diese Parade fand in Bodenbach am 3. Oktober 1938 statt.

DEUTSCHLANDS WIEDERGEBURT

Oben: In einem Mercedes-Benz 770G4 W31 sitzt Bürgermeister Kreissl neben General Walther von Brauchitsch. Zu den Klängen einer Militärkapelle und eines Kinderchors fahren sie am 3. Oktober 1938 auf dem alten Marktplatz von Bodenbach ein. Erst am Vortag waren Brauchitsch, Erhard Milch, Fritz Todt und Hitler von Berlin für eine kurze Rundfahrt im neu gewonnenen Sudetenland hierher geflogen. Einen Monat vorher – noch am 28. September – hatte Brauchitsch versucht, die deutschen Generäle dafür zu gewinnen, sich Hitlers geplantem Einmarsch in die Tschechoslowakei zu widersetzen.

Rechts: Auf dem Marktplatz im Ortszentrum von Bodenbach salutieren Soldaten der Wehrmacht und Sudetendeutsche am 3. Oktober 1938 vor General Brauchitsch und Bürgermeister Kreissl und erweisen ihnen damit ihre Reverenz. »Sieg Heil!«-Rufe aus der begeisterten Menge übertönen die Militärkapelle. Am Vortag hatte Hitler dem gerade besetzten Land einen Besuch abgestattet, aber erst als er zum ersten Mal die tschechische Verteidigungslinie besichtigte, wurde ihm klar, was es hieß, eine Frontlinie mit Befestigungsanlagen von fast 2000 km Länge erobert zu haben, ohne dass ein einziger Schuss abgegeben wurde.

BLITZKRIEG

Oben: Auf einem Balkon über dem Bodenbacher Marktplatz hält Brauchitsch eine Ansprache vor den Soldaten der 20. motorisierten Division und den Ortsbewohnern. Laut Originaltext zum Foto lobte Brauchitsch seine Truppen dafür, den Sudetendeutschen einen Platz in der Geschichte zuerkannt zu haben, was eine Ehre sei und sie mit Stolz erfülle. Der historische Besuch in Bodenbach blieb auch vom Reichspropagandaministerium nicht unbemerkt. Um ja keine Gelegenheit auszulassen, sind zwei Fotografen anwesend. Der eine filmt aus dem Fenster heraus, der andere klammert sich an der Stange am Balkongeländer fest, um eine bessere Aufnahme zu bekommen.

DEUTSCHLANDS WIEDERGEBURT

Unten: Kräder mit Seitenwagen, gepanzerte Mannschafts-Kraftwagen mit Pak 35/36 im Schlepptau und eine Vielzahl anderer Fahrzeuge rollen bei derselben Parade durch die Stadt. Die Pak 35/36 war 1938 die bevorzugte Panzerabwehrkanone beim deutschen Heer. Bis September 1939 stellte die Wehrmacht rund 11.200 Pak 35/36 ins Feld. Sie sollten sich im Kampf gegen die Polen als so wirksam erweisen, dass selbst die SS-Verfügungs-Division, später als die Waffen-SS bekannt, zwei zusätzliche Panzerabwehrabteilungen aufstellte, die im Westfeldzug 1940 einige Pak 35/36 im Einsatz hatten.

Oben: Brauchitsch am Ende einer weiteren zündenden Rede an die deutschsprachige Bevölkerung. Während er selbst und der Kommandeur der 20. motorisierten Division salutieren, rufen Sympathisanten und Mitglieder der Sudetendeutschen Partei »Sieg Heil!« und stimmen voller Inbrunst das Lied »Deutschland über alles« an. Es war ein wesentliches Anliegen der NS-Führung, in allen deutschsprachigen Ländern, die nun unter die NS-Herrschaft fielen, nationalsozialistisches Gedankengut zu verbreiten. Reden wie diese wurden im ganzen Reich ausgestrahlt, sie halfen, die Einheit herzustellen und jedes Gefühl des Unbehagens zu beruhigen, besonders unter einem Teil der deutschen Bevölkerung, der einen weiteren europäischen Krieg fürchtete.

Oben: Bei einer Parade marschieren Soldaten der 20. motorisierten Division an grüßenden Nationalsozialisten vorbei. Beim Standartenträger sieht man noch einen Teil des nationalsozialistischen Regiments-Ringkragens. Der mit reliefartigen Knöpfen und Eichenlaub verzierte Ringkragen war bronzefarben. Zwischen 1933 und dem Kriegsende 1945 gab es in der Wehrmacht sechs verschiedene Ringkragen.

Unten: Die Einheimischen sehen zu, wie weitere Panzerfahrzeuge über die Grenze ins Sudetenland rollen. Schon vor dem Einmarsch der deutschen Truppen ins Sudetenland zerstörten Männer, Frauen und Kinder Grenzpunkte und brachten pronationalsozialistische Spruchbänder an. Diese Aufnahme zeugt von den wilden Angriffen auf die Grenzkontrollpunkte; dieser hier wurde vollkommen zerstört, möglicherweise mit Dynamit.

DEUTSCHLANDS WIEDERGEBURT

Unten: Dieses Foto wurde vor der Einfahrt in eine frühere tschechische Kaserne aufgenommen, die nun von den Einheiten der 20. motorisierten Division besetzt war. Der Soldat links trägt eine Schützenschnur, eine Auszeichnung für die geschickte Handhabung verschiedener Waffen. Höchstwahrscheinlich hält er Wache, da die Schützenschnur mit der Wachuniform getragen werden durfte. Hinter ihm ist ein leichter Panzerspähwagen (SdKfz 221) zu sehen.

KAPITEL 2

BEGINN DES BLITZKRIEGS

Der Überfall auf Polen

Solange sich am Status der Stadt Danzig, deren Einwohner fast alle deutschsprachig waren, und dem »Polnischen Korridor« nichts änderte, war kein dauerhafter Frieden zwischen Polen und Deutschland möglich. Die Trennung von Ostpreußen durch einen Korridor, der Polen Zugang zur Ostsee gab, war Hitler ein Dorn im Auge. Bis August 1939 brachte der Streit um die Freie Stadt Danzig und den Polnischen Korridor die beiden Nationen bis an den Rand eines Krieges. Zum ersten Mal hatte es Hitler mit einem Land zu tun, das fest entschlossen war, sich im Falle eines Angriffs bis zum Letzten zu verteidigen.

Ein paar Tage vor der deutschen Invasion in Polen teilte Hitler seinen Ostfrontkommandeuren mit, dass dieser Krieg anders sein würde als alles, was Europa bis jetzt kannte, basierend auf einer ganz neuen, nicht mit dem jahrelangen demütigenden Stellungskrieg von 1914 bis 1918 zu vergleichenden Taktik: dem Blitzkrieg. Dieser zeichnete sich durch schnelle und umfassende Angriffe in einer solchen Stärke und Intensität aus, dass in kurzer Zeit ein entscheidender Sieg errungen werden konnte. Als man nur mehr ein paar Schritte vom Krieg entfernt war, half Hitler seinem »Befreiungskrieg«, wie er ihn nannte, ein bisschen auf die Sprünge. Die von Hitler ausgeheckten fingierten polnischen Angriffe auf deutsche Grenzposten in Pitschen und Gleiwitz sollten der Weltöffentlichkeit »beweisen«, dass Polen und nicht Deutschland der Angreifer war.

Die Invasion in Polen

In den frühen Morgenstunden des 1. September 1939 brachen deutsche Flugzeuge von ihren Heimatstützpunkten in Richtung Polen auf und griffen von den ihnen zugeteilten Flugfeldern aus polnische Ziele an. Flughäfen, Fabriken, Truppenkonzentrationen, Munitionslager, Bahngleise, Brücken und offene Städte wurden bombardiert. Schon bei den ersten Angriffen ließen die deutschen Flugzeuge innerhalb von Minu-

Links: Kurz vor 4.40 Uhr am 1. September 1939 eröffneten die deutsche 3., 4., 8., 10. und 14. Armee über weite Abschnitte der deutsch-polnischen Grenze das Artilleriefeuer auf die polnischen Stellungen.

Gegenüber: Irgendwo mitten in Polen ziehen Soldaten und Pferdegespanne auf einer verstopften Straße an einer Feldküche vorbei. Im Polenfeldzug behinderten kilometerlange Verkehrsstaus und Tausende von Flüchtlingen die Panzer auf ihrem Vormarsch.

ten Tod und Zerstörung auf die unvorbereiteten Polen vom Himmel herabregnen, wie es die Welt in diesem Ausmaß noch nicht erlebt hatte.

Am Boden fegten 52 Divisionen und Panzerverbände über Innerpolen und erzielten die ersten taktischen Gewinne für Deutschland. Im Hinterland folgten die Infanteriedivisionen, die immer weiter ins Kampfgebiet vorrückten, wobei ihnen hauptsächlich die Panzer, die alle Hindernisse niederwalzten und überrollten, den Weg frei machten. Die Polen wurden vom deutschen Angriff vollkommen überrascht; erst kam der überfallartige Angriff, darüber stiegen die Bomber und Jagdflugzeuge auf, die erst aufklärten, dann angriffen und Feuer und Schrecken verbreiteten; die Stukas stürzten mit ohrenbetäubendem Geheul vom Himmel herab. Am Boden rollten die Panzer, von denen ganze Divisionen selbst auf den unwegsamsten polnischen Straßen durchbrachen. Ihnen folgte in erstaunlich raschem Tempo die Infanterie, ein riesiges Heer von eineinhalb Millionen Mann, unterwegs auf einem Durcheinander aus Hufen, Rädern, Ketten. Geführt und koordiniert wurden sie mittels eines komplizierten Funk-, Telefon- und Telegrafennetzwerks.

Zwei Heeresgruppen

Für dieses gewaltige Unternehmen in Polen standen zwei Heeresgruppen zur Verfügung: die aus der 4. und 3. Armee

BLITZKRIEG

Links: Deutsche Soldaten der 30. Infanteriedivision der 8. Armee (Blaskowitz) auf dem Vormarsch durch eine der vielen von Bomben arg zerstörten polnischen Städte. Dem Ausmaß des Schadens nach zu urteilen, fanden hier vermutlich schwere Luftangriffe statt. Besonders in den ersten Tagen flog die Luftwaffe vernichtende Angriffe auf polnische Flugplätze, Flugzeugfabriken, Truppenkonzentrationen, Munitionslager, Bahngleise und Brücken. Auch Städte wurden nicht verschont.

bestehende Heeresgruppe Nord unter der Führung von General Fedor von Bock, und die Heeresgruppe Süd, die die 8., 10. und 14. Armee umfasste und dem Kommando von General Gerd von Rundstedt unterstand. Von Norden bis Süden durchbrachen alle fünf Armeen die Grenze. Einen der ersten Angriffe auf Polen führte General Gunther Hans von Kluges 4. Armee. Kluge hatte das Kommando über fünf Infanteriedivisionen, zwei motorisierte Divisionen sowie die 3. Panzerdivision unter General Heinz Guderian. Weiter östlich, durch den Polnischen Korridor getrennt, führte General Georg von Küchlers 3. Armee in Ostpreußen mehrere umfassende Angriffe südlich des Korridors in Richtung Warschau gegen die polnische Narew-Gruppe und die Armee »Modlin«.

Unter seinem Befehl standen sieben Infanteriedivisionen sowie eine in aller Eile zusammengestellte SS-Panzerdivision und vier Kommandos in Brigadestärke, die jeweils in drei

Oben: Während die Kameraden eine Partie Schach spielen, behält die Bedienung eines MG 34 vom Waldrand aus ein Feld im Auge. Das MG 34 ist für Dauerfeuer auf ein Dreibein montiert. Das MG 34, das sowohl als leichtes als auch schweres MG eingesetzt werden konnte, ließ sich auch auf ein Zweibein montieren. Die Munitionszufuhr erfolgte über ein Trommelmagazin oder einen Ladegurt mit 250 Schuss, die Feuergeschwindigkeit betrug 800 bis 900 Schuss pro Minute. Es wog 11,5 kg und hatte eine Mündungsgeschwindigkeit von 762 m/s. Durch sein gewaltiges Feuervolumen hatten die Polen bald gehörigen Respekt vor dieser deutschen Waffe.

Links: Teile der 30. Infanteriedivision passieren eine weitere zerstörte polnische Stadt. Obwohl das deutsche Heer weltweit als das modernste, überlegenste und bestausgerüstete galt, war es in seiner Logistik weitgehend noch von Pferden abhängig. Die Pferdegespanne blieben aber oft weit hinter den gewaltigen Panzervorstößen über Polen zurück, was in einigen Abschnitten zu einer Überdehnung der Nachschublinien führte. Dieses Problem trat während des Überfalls auf die Sowjetunion 1941 wieder auf, doch diesmal mit dramatischen Folgen.

Korps untergliedert waren. Im Süden setzten die deutschen Kräfte dem polnischen Gegner fast genauso schlimm zu.
Die deutschen Bodentruppen rückten mit Unterstützung aus der Luft in raschem Tempo auf ihr Ziel vor. Der Befehlshaber der 8. Armee, General Johannes von Blaskowitz, setzte seine vier Infanteriedivisionen in Richtung Lodz in Marsch, wo sie gegen die Armee »Lodz« antreten sollten. An der Südflanke der 8. Armee startete die 10. Armee unter General Walter von Reichenau eine Reihe von Angriffen mit Infanterie und zwei Panzerdivisionen, die aus General Reinhardts 4. Panzerdivision und General Schmidts 1. Panzerdivision bestanden. Die 4. Panzerdivision war die stärkste Division im gesamten deutschen Heer und hatte mit dem Vorstoß auf Warschau die schwierigste Aufgabe zu erfüllen. An der Südflanke der 10. Armee rückte General Lists 14. Armee, die sieben Infanterie- und zwei Panzerdivisionen umfasste, mit atemberaubender Geschwindigkeit auf Krakau und die Armee »Karpaty« vor. In wenigen Stunden hatten Lists Kräfte die Grenze überschritten und waren ins Innere Polens vorgestürmt. Sie waren dem Tagesziel weit voraus.
Der gesamte deutsche Vorstoß ging rasch und zügig voran. Die schnellen Gewinne im Osten waren für die Männer, die auf den Panzern und Lastwagen durchs Land rollten und dabei kaum auf Widerstand seitens der völlig durcheinander geratenen polnischen Einheiten stießen, berauschend. Im Laufe der nächsten Tage setzten sowohl die deutschen Gruppen im Norden als auch im Süden ihre heftigen Angriffe an allen Fronten fort. Unterstützt durch Luft- und massive Panzerangriffe hatte Kluges 4. Armee in nur fünf Tagen ununterbrochener Kämpfe den Polnischen Korridor durchschnitten, eine »Brücke« zwischen Pommern und Ostpreußen errichtet und Tausende Soldaten der Armeen »Poznan« und »Pomorze« eingeschlossen. Im Süden des Landes gingen die Operationen ebenso schnell voran wie im Norden. Das Gros der 8. Armee (Blaskowitz) hielt direkt auf Lodz zu, doch die Einheiten gerieten wegen verheerender Verkehrsstaus in Unordnung. Grund dafür waren die auf den nach deutschen Luftangriffen unpassierbaren Straßen stecken gebliebenen Flüchtlinge und polnischen Armeefahrzeuge. Um dem Chaos zu entkommen und ihren raschen Vormarsch fortzusetzen, wichen die meisten Fahrzeuge, vor allem die Panzer, übers Gelände aus.
Auf den Straßen kam der Verkehr fast zum Erliegen. Staubwolken türmten sich auf, hüllten Männer und Pferde ein und ließen die Motoren absterben. Auf der gesamten Breite der Reichenau-Front wurden die feindlichen Linien unter den permanenten Angriffen geschwächt. Die Schlagkraft der 10. Armee beruhte vor allem auf ihrer gewaltigen Überlegenheit an Panzern und Artillerie. Reinhardts 4. Panzerdivision stand nun zum Angriff auf die polnische Hauptstadt bereit. Bis zum Abend des 8. September hatten Vorausabteilungen der 4. Panzerdivision die Vororte Warschaus erreicht und zum Sturm angesetzt. Die Stadt war aber gut verteidigt, und der Angriff scheiterte unter dem Verlust von 57 Panzerfahrzeugen.

Kämpfe an den Flüssen

Am 9. September erreichten die ersten deutschen Truppen das Weichselufer. Ihr Vormarsch vollzog sich in einem derart rasanten Tempo, dass den Polen nicht einmal für den Bau von Abwehrstellungen am Fluss Zeit geblieben war, von dem geplanten System aus Feldbefestigungen gar nicht zu reden. Vor der Weichsel setzten die Deutschen ihre Hauptkräfte für völlig unspektakuläre Räumungsoperationen zur Vorbereitung der Front zwischen Weichsel und Bug ein.
An der Bzura griffen die Reste der Armeen »Poznan« und »Pomorze«, die nun zu einer Armee zusammengefasst wurden und dem Kommando von General Kutrzeba unterstanden, das

BLITZKRIEG

Rechts: Eine von der polnischen Fliegerabwehr abgeschossene Junkers Ju 52/3m-Transportmaschine. Die Ju 52, die später noch als »Iron Annie« Berühmtheit erlangte, blieb bis Kriegsende die Standardtransportmaschine der Luftwaffe. Die Luftflotten 1 und 4 waren 1939 gegen Polen im Einsatz, die Luftflotten 2 und 3 wurden noch während des Polenfeldzugs verlegt. Luftflotte 1 als auch Luftflotte 4 hatten zusammen insgesamt 1581 Kampfflugzeuge im Einsatz: 897 Bomber (648 He 111, Do 17 und Ju 86 mittelschwere Bomber, 219 Ju 87-Sturzkampfbomber, 30 Hs 123-Sturzbomber), 210 Bf 109 und Bf 110 Jäger, 474 Aufklärungs-, Transportflugzeuge und andere Typen.

X. Korps (General Ulex) der 8. Armee an. Was folgte, war die größte Schlacht im Polenfeldzug. Am 10. September erreichten die Kämpfe ihren Höhenpunkt, wobei nach nicht bestätigten Berichten rund 400.000 Mann in die Gefechte verwickelt gewesen sein sollen, darunter Teile der 10. Armee, die von den Angriffen auf Warschau abgezogen wurden.

Zur gleichen Zeit, als die Kämpfe entlang der Bzura und der Weichsel tobten, setzten die 4. und die 3. Armee zu einer Reihe von Angriffen über den Fluss Narew an und erreichten schwer befestigte Abschnitte des Bugs. Im Süden erreichte Lists Armee das Sanufer und versuchte, alle noch verbleibenden Widerstandsnester im Gebiet auszuheben. Bis zum 10. September war die polnische Armee besiegt. Der Großteil ihrer 30 Divisionen war entweder zerschlagen oder in einer großen Zangenbewegung, die sich um Warschau schloss, eingekesselt worden. Für die Deutschen ging es nun in die »Zweite Phase«: die Zerschlagung des Kessels und die Vernichtung der in Konfusion befindlichen polnischen Einheiten. Erst dann konnte eine zweite, viel tiefere Umfassung am Bug, 200 km östlich von Warschau, in Angriff genommen werden.

Die Auflösung

Betroffen und niedergeschlagen leitete der Oberbefehlshaber der polnischen Armee, Marschall Rydz-Smigly, am 12. September 1939 den Rückzug der gesamten polnischen Armee ein, die jetzt in die Gruppen Nord, Mitte und Süd unterteilt war. Die völlig abgekämpften Soldaten befanden sich auf dem Rückzug in den südöstlichen Landesteil, wo sie die Stellungen bis zum erwarteten Start einer französischen Offensive halten wollten.

Ihr Rückzug war aber trotz der vernichtenden Wirkung der deutschen Blitzkriegstaktik nicht zu ungeordneter Flucht ausgeartet. Die hartnäckige Verteidigung jeden Fußbreit Landes war nun das erklärte Ziel der polnischen Führung. Dörfer und Städte im Zielgebiet wurden von Truppen gemeinsam mit Partisanen verbissen verteidigt. Doch trotz dieser verzweifelten Verteidigungsmaßnahmen zwang der deutsche Angriff mit den voll mechanisierten Panzerdivisionen und der Unterstützung der wohl stärksten Luftwaffe der Welt die Polen in die Knie.

Aber es kam noch schlimmer: Am 17. September griff die russische Armee Polen über die ganze Grenze von Lettland im Norden bis nach Rumänien im Süden an. Deutschlands neu gewonnener Verbündeter hatte diese Invasion schon seit Wochen vorbereitet. In einem Zusatz zu ihrem Nichtangriffspakt vom August 1939 hatten Stalin und Hitler sich auf die Aufteilung Polens geeinigt. Für die polnischen Armeen sah die Lage jetzt noch bitterer aus. Dieser Schlag brachte sie endgültig ins Wanken.

Bis zum 18. September löste sich die polnische Armee auf, nachdem die Lage durch immer intensivere Angriffe von Infanterie, Panzern und Flugzeugen aussichtslos wurde. Die Soldaten der Wehrmacht konnten es selbst nicht fassen, mit welcher Wucht und Geschwindigkeit sie gegen Polen vorgegangen waren. Allein die Schlacht an der Bzura hatte die völlige Vernichtung beinahe eines Viertels der polnischen Armee bewirkt. Der deutsche Sieg über Polen war in nur 18 Tagen errungen worden, es blieben nur mehr vereinzelte Kessel in einigen Ortschaften und Städten. Am 21. September endete die Belagerung von Lemberg (Lwow), nachdem

Unten: Eine 15-cm-Feldhaubitze sFH 18 wird an einen Zugkraftwagen 8 to angehängt. Wenn die Haubitze von einem Motorfahrzeug gezogen wurde, brauchte sie nicht zerlegt zu werden, wodurch sie natürlich viel schneller an die verschiedenen Frontabschnitte gelangte als im langsamen Pferdezug. Außerdem bot der Zugkraftwagen genügend Sitzplatz für die gesamte Bedienung. Für den Transport mit Pferden musste die Haubitze zerlegt werden. Rohr und Lafette wurden dann in zwei Lasten transportiert. Natürlich dauerte es viel länger, bis sie wieder in Feuerstellung gebracht war, und für die Männer war es eine enorme Kraftanstrengung.

Links: Die Bedienung einer schweren Feldhaubitze sFH 18 eröffnet gerade das Feuer auf feindliche Stellungen der Armee »Lodz«. In diesem Bild ist deutlich zu sehen, dass die Haubitze nicht eingegraben und gegen feindliches Artilleriefeuer geschützt wurde, was darauf schließen lässt, dass es in der unmittelbaren Umgebung wenig Widerstand von der polnischen Armee gab. Der hinter dem Geschütz sitzende Soldat bereitet in aller Ruhe die Granaten fürs Gefecht vor. Mit einer vollzähligen und geübten Mannschaft konnte mit dieser Waffe das Feuer über einen längeren Zeitraum aufrechterhalten werden.

120.000 Soldaten zur Kapitulation gezwungen wurden. Warschau, das bis dahin hartnäckigen Widerstand geleistet hatte, ergab sich sechs Tage später nach Luftangriffen mit 400 Bombern, Sturzkampfbombern und Schlachtflugzeugen, unterstützt von 30 dreimotorigen Transportflugzeugen. Im Anschluss daran wurden insgesamt 140.000 Soldaten gefangen genommen. Nach dem Fall Warschaus tobten die Kämpfe noch weiter, stellenweise kam es zu schweren Gefechten, bis die letzte polnische Einheit am 6. Oktober die Waffen streckte.

Die polnische Armee war die erste Armee in Europa, die die ganze Härte der deutschen Blitzkriegtaktik zu spüren bekam. Die Deutschen hatten den Kampf gegen Polen gewonnen, indem sie diese Taktik in einer Reihe schneller und unaufhaltsamer Durchbrüche anwendeten. Die gegnerischen Verbände wurden allesamt eingeschlossen, die im Gegensatz zur Wehrmacht an alten und unflexiblen Verteidigungstaktiken festhielten. Mit dem Sieg über Polen hatte Hitler das Tor zum Osten geöffnet, nun sollte der Westen Bekanntschaft mit dem Blitzkrieg machen.

Oben: Mannschaften und ihr kommandierender Offizier drängen sich um ein Radio und lauschen den neuesten Nachrichten aus dem Reichspropagandaministerium. Regelmäßige Übertragungen an die Front stellten die wichtigste Verbindung der Soldaten zur Außenwelt dar, weshalb alle Berichte vor der Ausstrahlung einer genauen Prüfung unterzogen wurden. Die meisten in Polen kämpfenden Soldaten der Wehrmacht wussten nichts von der britischen und französischen Kriegserklärung an Deutschland vom 3. September 1939, weil Hitler fürchtete, die Moral und der Kampfgeist der Männer könne darunter leiden. Dabei waren sie nach dem Erfolg der Wehrmacht in Polen motiviert wie nie zuvor.

Links: Diese Männer der polnischen Armee »Lodz« wurden am 3. September 1939 gefangen genommen. In dieser Phase der Kämpfe war es für die polnische Generalität ziemlich offensichtlich, dass sie eine Armee unter sich hatte, die auf dem Schlachtfeld weit hinter den Leistungen ihres Gegners zurückblieb. Die polnische Taktik war nicht nur einfallslos, sondern konnte auch nicht mit dem raschen Ablauf der Kämpfe mithalten. Konfrontiert mit dem Zusammenbruch von allem, das ihnen teuer war, legte die polnische Armee mehr Opfermut an den Tag als ihr deutscher Gegner. Die meisten polnischen Soldaten, die sich den Deutschen entgegenstellten, waren mangelhaft ausgebildet und aufgrund der extremen Knappheit an Munition und Nachschub demoralisiert.

Rechts: So gut wie jeder deutsche Soldat wollte in Polen nur eines: überleben, seine Pflicht erfüllen und heimkehren. Der Gedanke, feindlichem Feuer zum Opfer zu fallen, kam ihm gar nicht in den Sinn, trotzdem starben viele. Hier wurde ein deutscher Soldat mit allen militärischen Ehren begraben. Er wurde neben einem polnischen Kriegerdenkmal irgendwo in Nordpolen zur letzten Ruhe gebettet.

BEGINN DES BLITZKRIEGS

Unten: Ein Kradmelder hält neben einem zerstörten polnischen Fahrzeug, das vermutlich Opfer eines Stuka-Angriffs wurde. Es herrscht warmes Wetter während des Feldzugs, so genanntes »Führerwetter«, daher trägt dieser Kradmelder nicht den schweren wasserdichten Motorradmantel. An seinem Koppel sind Gasmaskenbüchse, eine Meldekartentasche M1935 und eine zusammengerollte Zeltbahn befestigt.

BEGINN DES BLITZKRIEGS

Oben: In einer brennenden Stadt treiben Soldaten der Wehrmacht Juden zusammen. Dieses Foto stammt aus den frühen Tagen des Feldzugs, das düsterste Kapitel stand Polen noch bevor. Hinter den Verbänden der SS-VT (später Waffen-SS) und der Wehrmacht lauerten die SS-Totenkopfverbände, geführt von Theodor Eicke. Drei Regimenter wurden zur ethnischen Säuberung eingesetzt: SS-Oberbayern, Brandenburg und Thüringen. Nach ein paar Tagen begannen Eickes Männer mit der Ausrottung der Polen, die im Reich als feindliche Elemente betrachtet wurden.

Links: Die Soldaten sind auf einen Blindgänger gestoßen, der von einem deutschen Bomber über Polen abgeworfen wurde. Die Luftwaffe warf Tausende Tonnen von Bomben auf polnische Städte ab und richtete damit verheerende Verwüstungen an. Zurückgelassene Pioniere mussten dann mit den Folgen fertig werden, ihr Leben setzten sie beim Entschärfen der Bomben aber meist nicht aufs Spiel, sondern sperrten erst einmal das Gebiet ab und evakuierten alle Soldaten und Zivilisten. Dann ließen sie die Bombe kontrolliert hochgehen.

41

BLITZKRIEG

Oben: Soldaten, vermutlich ein Regiment von General Reichenaus 10. Armee, bereiten sich am 9. September 1939 auf die Überquerung einer teilweise zerstörten Weichselbrücke vor. Die polnischen Hauptflüsse, die im Allgemeinen von Süden nach Norden fließen, bildeten einen natürlichen Schutz gegen einen Ost-West-Angriff. An San, Bzura und Weichsel gab es die häufigsten Kämpfe. Die zum Großteil nicht regulierten Flüsse führten wegen der schweren Niederschläge im Frühjahr und Herbst oft Hochwasser. Die polnischen Verteidiger versuchten, diese natürlichen Hindernisse bestmöglich zu nutzen.

Oben: Die schnellen Erfolge im Osten waren für die Männer auf den Panzern und Lastwagen berauschend. Ihr fast ungehinderter Vormarsch gegen ein Durcheinander aus zurückweichenden polnischen Einheiten erfüllte die Soldaten der Wehrmacht mit glühendem Enthusiasmus. Drei mit M98a-Gewehren bewaffnete Soldaten werden mit Pferdewagen an die Front gebracht und kommen durch ein weiteres schwelendes Dorf, das schweren Bombenangriffen durch die Luftwaffe ausgesetzt war.

BEGINN DES BLITZKRIEGS

Oben: Verschiedenste Fahrzeuge, einige davon anscheinend von den Brückenbaueinheiten. Unter den Fahrzeugen befinden sich Horch-Geländewagen, Opel-Blitz-Lastwagen, ein Sanitätskraftwagen Phänomen Granit, Volkswagen (leichte Mannschaftswagen) und Pferdewagen, höchstwahrscheinlich mit Munition beladen. Soldaten marschieren gerade ans andere Ufer. Nachdem den deutschen Kräften praktisch die Vernichtung der polnischen Luftwaffe gelungen war, konnten die Truppen ungehindert bei Tag Flüsse überqueren, ohne einen Angriff aus der Luft befürchten zu müssen.

Links: Am 10. September 1939 begannen die Deutschen mit der Einrichtung eines Weichselübergangs. Bis zur Fertigstellung einer tragfähigen Brücke durch die Pioniere wurde möglichst viel Material mit Pontonflößen über den Fluss gebracht. Die wichtige, aber auch schwere Ausrüstung, besonders die Panzer, musste ans andere Ufer gebracht werden, also blieb den Soldaten kaum etwas anderes übrig, als sie mühselig mit Muskelkraft über den Fluss zu manövrieren. Ein paar Tage später begannen die Brückenbaueinheiten mit dem Bau einer Holzbrücke, damit das Gros der 10. Armee schnell und ungehindert übersetzen konnte.

BLITZKRIEG

Oben: Die den Panzerspitzen nach Osten folgende Infanterie war erschöpft von den endlosen Märschen, die in Polen fast an der Tagesordnung standen. Diese Soldaten haben die Rast am Wegrand dringend nötig. Einer der Männer nimmt sein MG 34 als Polster, während sein Kamerad in einem Balanceakt auf zwei Munitionskisten ein Nickerchen versucht. Alle Männer tragen die typische Ausrüstung des Infanteristen, bestehend aus einem Stahlhelm M1935, einem Mauser-Karabiner 98k, einer Gasmaskenbüchse, Schanzzeug, einer aufgerollten Zeltbahn und Patronentaschen mit Reservemunition. Letztere waren besonders wichtig, deshalb trug sie der Soldat immer eng bei sich.

Oben: Ein zerstörtes polnisches Panzerfahrzeug bei Lodz, 10. September 1939. Dieses Fahrzeug gehörte zu einer polnischen Kavalleriebrigade. Insgesamt waren elf Kavalleriebrigaden, die als die Elite der polnischen Armee galten, zur Unterstützung der Infanteriedivisionen im Einsatz. Jede Brigade bestand aus drei oder vier Regimentern, einer Aufklärungskompanie mit 13 Kleinpanzern TKS und verschiedenen Panzerfahrzeugen. Sie waren aber so veraltet und langsam, dass sie es nicht einmal mit dem deutschen PzKpfw I, dem kleinsten Panzer der Wehrmacht, aufnehmen konnten. Selbst die leichte Pak 35/36 konnte einen dieser Wagen in Flammen aufgehen lassen.

Rechts: Ein deutscher Granatwerfertrupp wartet auf den Feuerbefehl in einer behelfsmäßigen Stellung auf einer polnischen Ebene. Der Truppkommandant hält mit seinem Fernglas nach feindlichen Bewegungen Ausschau. Die relativ exponierte Stellung lässt vermuten, dass weder mit einem Luft- noch einem Artillerieangriff der Polen zu rechnen war. Der Granatwerfer wurde häufig als schwere Infanteriewaffe eingesetzt: Er war mobil und relativ leicht zu transportieren. Bei diesem hier handelt es sich um einen 8-cm-sGrW 34, der den ganzen Krieg hindurch im Einsatz war. Ein geübter Granatwerfertrupp konnte mehrere Granaten in der Luft haben, bevor die erste einschlug, wodurch dem anvisierten Ziel keine Zeit mehr blieb, das Feuer zu erwidern oder in Deckung zu gehen.

Rechts: Dieses von den Deutschen an der Weichsel aufgestellte Schild setzt die neue Grenze zwischen Deutschland und Russland fest. Es zeigte den Truppen den Verlauf der russisch-deutschen Demarkationslinie an, die in einem Zusatz zum geheimen Nichtangriffspakt im August 1939 mit Stalin vereinbart wurde. Bei der Aufteilung Polens einigten sich Russland und Deutschland anfangs auf die Weichsel als Demarkationslinie zu Russland. Nach der russischen Invasion im September 1939 wurde dies jedoch geändert und sie verlief nun am Bug entlang bis zum San und der slowakischen Grenze.

Links: Ein Soldat von Blaskowitz' 30. Infanteriedivision (8. Armee) ist starkem Feuer von den nicht zerschlagenen Teilen der Armee »Poznan« und »Pomorze« im Gebiet südlich von Kutno zum Opfer gefallen. Am 11. September 1939 gab General Blaskowitz den Befehl zur Zerschlagung des Kessels und der Vernichtung der darin gefangenen polnischen Truppen. Es war eines der Schlüsselziele des Blitzkriegs, die feindlichen Kräfte »einzukesseln« und dann mit gewaltiger Feuerkraft zu reduzieren. Dieses Manöver galt als die so genannte Kesselschlacht. Am darauf folgenden Tag setzten die Polen zu weiteren heftigen und anhaltenden Angriffen auf die Einheiten der 8. Armee im Süden an. Zwar gelang es den Deutschen, den Vorstoß aufzuhalten, doch nur unter schweren Verlusten.

BEGINN DES BLITZKRIEGS

Links: Ein Panzerabwehrtrupp der 30. Infanteriedivision bei einer Feuerpause, nachdem starke gegnerische Verbände bei Kutno zum Stehen gebracht werden konnten. Zwei der Männer, einer davon ein Kradfahrer, sitzen auf einer Pak 35/36. Diese Panzerabwehrkanone hatte sich während der polnischen Gegenoffensive in diesem Gebiet bestens bewährt. Zu sehen ist auch ein Kradmelder mit dem Motorradmantel des »alten Heeres«. Diese Schutzkleidung wurde aus feldgrauem beschichtetem Twill gefertigt, alle Nähte waren wasserdicht versiegelt. Der Kradmelder trägt außerdem eine Gasmaskenbüchse und Meldekartentasche M1935. Der Soldat, der seine Hände auf seine Hüften aufgestützt hat, ist mit einer Luger bewaffnet, vermutlich eine 9-mm-Pistole 38. Deutlich zu erkennen ist der am Gürtel befestigte schwarze Lederhalfter.

Links: Eine andere Aufnahme des oben gezeigten Pak 35/36-Panzerabwehrtrupps. Das Foto wurde am 15. September 1939 geschossen. Diese Kanone ist mit Laub getarnt, um sie vor feindlichen Beobachtern zu verbergen. Während der Gegenoffensive, in die dieser Panzerabwehrtrupp verwickelt war, wurden sowohl das VI. Korps als auch das XVI. Panzerkorps von der 10. Armee nach Kutno verlegt, um die Angriffe auf die polnischen Verteidigungsstellungen zu unterstützen. Damit wurde zwar der Druck auf die Verteidiger von Warschau vermindert, aber von den polnischen Kräften unter dem Befehl von General Kutrzeba blieb bis 15. September nur mehr ein kleiner und geschwächter Kessel rund um die Stadt Kutno übrig.

47

BLITZKRIEG

Oben: Soldaten und ihr kommandierender Offizier in Stellungen westlich von Warschau. Sie gehören einer Infanteriedivision der 8. Armee an und sichern den Kessel, in dem sich Kutrzebas geschlagene Armee befindet, von Osten. In dieser Phase stellten überlebende Teile von Kutrzebas Truppen immer noch eine improvisierte Verteidigung auf, doch ihr Zustand verschlechterte sich rapide und das unvermeidliche Ende ließ sich trotz größter Anstrengungen nicht abwenden. Im Kessel war eine Neugruppierung inzwischen unmöglich geworden, daher brach der Großteil der Polen einfach in einem ungeordneten, hastigen Rückzug nach Osten auf.

BEGINN DES BLITZKRIEGS

Links: Die hier abgebildete 10,5-cm-Feldhaubitze leFH 18, die leichte Standardhaubitze der Wehrmacht, ist außerhalb eines Dorfes bei Warschau eingegraben. Das Bild wurde Mitte September 1939 aufgenommen. Im Vordergrund sind die Granaten für diese Waffe deutlich zu erkennen. Zwecks sicherem Transport auf den schlechten polnischen Straßen sind sie in Holzkisten verpackt. Viele Straßen waren nicht viel mehr als ausgefahrene und staubige Wege. Die Granaten wurden erst vorbereitet, wenn das Geschütz in Feuerstellung gebracht war. Da noch keine leeren Granathülsen zu sehen sind, hat der Trupp die Waffe hier anscheinend noch nicht eingesetzt, sondern wartet immer noch auf Feuerbefehle.

Rechts: Eine Gruppe erschöpfter Soldaten erholt sich in einem Feld ein wenig von den Strapazen ihres mehr oder weniger ununterbrochenen und ungehinderten Zehntagemarsches über Polen. Eine Kolonne von Pferdewagen nähert sich den Soldaten. Pferde spielten bei der Eroberung Polens eine bedeutende Rolle, doch auch sie litten unter Erschöpfung und den endlosen, zermürbenden Strecken, die sie zurücklegen mussten, um mit den Panzern mitzuhalten. Noch dazu waren sie oft schwer beladen. Dennoch wurden in der Wehrmacht Artillerie, Munitionswagen, Feldküchen, Truppen, Brückengerät und andere für einen schnellen Vorstoß wichtige Ausrüstung eher von Pferden als Motorfahrzeugen transportiert.

Oben: Dieses interessante Foto vom Westufer der Weichsel zeigt, in welchem Ausmaß man sich während des Blitzkriegs in Polen auf Pferde als unverzichtbares Transportmittel verließ. Zwei Pferde ziehen eine 10,5-cm-Feldhaubitze leFH 18, dahinter, so weit das Auge reicht, Hunderte von Pferden und Reitern.

Oben: Bei Deblin an der Weichsel inspizieren Soldaten einen verlassenen Bunker, der zur Verteidigung der Flussufer hätte dienen sollen. Um nicht so viel tragen zu müssen, wurde ein Teil der Ausrüstung auf die Pferde geschnallt, darunter der Großteil der persönlichen Ausrüstung der Soldaten mit dem Stahlhelm M1935. In diesem Gebiet gab es heftige Gefechte, doch diese Soldaten müssen noch weiter von der Frontlinie entfernt sein, weil sie weder Stahlhelm noch Ausrüstung tragen. An der Weichsel, zwischen Deblin und Annopol, versuchten polnische Kräfte aus dem Kessel von Radom weiterhin einen Ausbruch nach Osten über den Fluss. Wer zu flüchten versuchte, stürmte die deutschen Linien, hatte aber gegen Artillerietrommelfeuer und Panzerangriffe keine Chance. Die restlichen Truppen des Gegners wurden durch wiederholte Panzervorstöße und Infanterieangriffe allmählich aufgerieben. Obwohl ihnen übel zugesetzt wurde, blieben einige polnische Einheiten standhaft und schlugen mit allem, was sie aufbieten konnten, zurück. Zum Ärger des deutschen Oberkommandos wurden dadurch einige Divisionen festgenagelt, die anderswo fehlten.

BEGINN DES BLITZKRIEGS

Oben: Soldaten und Offiziere der 4. Panzerdivision in Warschau. Diese drei ausgebrannten Straßenbahnwagen wurden scheinbar nicht für die Verteidigung der Stadt genutzt. Mit Steinen und Möbeln angefüllte Straßenbahnwagen dienten oft als Barrikaden. Die Verteidigung Warschaus bestand vorwiegend aus Panzerabwehr- und Fliegerabwehrbatterien, Panzerabwehrgräben und -sperren. Einige Gebäude wurden von den Soldaten zu befestigten Stellungen umfunktioniert. Die meisten Barrikaden bestanden einfach aus Möbeln und Holz und riegelten die Hauptzufahrtsstraßen zum Zentrum ab.

Rechts: Soldaten und Offiziere der 4. Panzerdivision betrachten das Ausmaß der Zerstörung nach schweren Häuserkämpfen in den Vororten Warschaus. Vorgeschobene Einheiten von General Reinhardts 4. Panzerdivision erhielten den Befehl, die polnische Hauptstadt am 8. September 1939 einzunehmen. Doch als Reinhardts Einheiten an diesem Tag den Südwestrand der Stadt erreichten, hatten die Einwohner sich schon auf eine längere Verteidigung vorbereitet. Der erste Angriff durch den Vorort Ochota wurde mit einem Verlust von 57 der 120 eingesetzten Panzer von starkem polnischem Widerstand abgewehrt.

BEGINN DES BLITZKRIEGS

Links: Knapp vor Warschau fährt ein Panzerwagen eines Regiments der 4. Panzerdivision an einer Gruppe polnischer Zivilisten vorbei. Bemerkenswert an diesem Foto ist, dass es keinerlei Anzeichen für Kampfhandlungen in diesem Gebiet gibt. Als die Warschauer Garnison weiterhin Widerstand leistete, legte die Luftwaffe die Stadt in Schutt und Asche. Anfangs hielt das schlechte Wetter Göring von einem massiven Luftangriff auf die Stadt ab, doch das brachte nur eine vorübergehende Atempause.

Oben: Nicht weit von der Bzura legen diese Soldaten eines nicht bekannten Regiments der 30. Infanteriedivision eine Pause in einem Feld ein. Ihre Mauser-Gewehre sind so zusammengestellt, dass sie griffbereit sind für einen sofortigen Einsatz. Stahlhelme M1935 und die persönliche Ausrüstung wurden in der Hitze des polnischen Sommers abgelegt und liegen neben den Gewehren. Die Gesichter der beiden Soldaten spiegeln das neue Selbstbewusstsein der Wehrmacht wider.

Oben: Ein vermutlich mit Munition beladener Pferdewagen kommt im lockeren, sandigen Boden Zentralpolens nur schwer vorwärts und wird von Soldaten angeschoben. Viele Straßen waren oft nicht viel mehr als sandige Wege und daher von Pferdewagen praktisch unbefahrbar. Wäre die Invasion in Polen auf einen späteren Zeitpunkt als September verschoben worden, hätte das deutsche Heer aufgrund der Herbstniederschläge große logistische Probleme bekommen. Viele Fahrzeuge wären in Schlamm, Eis und Schnee hängen geblieben, wodurch sich der Feldzug um Wochen in die Länge gezogen hätte.

Rechts: Hier wurde in aller Eile neben einer gesprengten Brücke ein Holzübergang gebaut, damit die deutschen Soldaten und Panzer den Fluss ungehindert überqueren können. Ein PzKpfw I (Ausführung A) fährt die staubige Straße entlang. Dieser Panzer hatte statt eines Turms einen festen Aufbau und war mit einem schwenkbaren Maschinengewehr für die Nahverteidigung ausgerüstet. Außerdem war er mit zwei Funkgeräten ausgestattet, dem FuG 2 und FuG 6, und hatte eine Drei-Mann-Besatzung. 1939 war er jedoch schon veraltet.

BEGINN DES BLITZKRIEGS

Links: Eine Kolonne gut getarnter mittlerer Horch-Geländewagen irgendwo auf der Fahrt durch Mittelpolen. Die Fahrzeuge wurden sorgfältig mit Laub getarnt und halten sich dicht am Straßenrand, um mit dem umliegenden Gelände zu verschmelzen. Obwohl die polnische Luftwaffe in den ersten beiden Tagen des Blitzkriegs praktisch vernichtet worden war, besaßen die Polen immer noch ein paar Flugzeuge – zum Beispiel den PZL P-37 Los Bomber und einige andere Jagdflieger – für sporadische Angriffe auf deutsche Truppen- und Panzerkonzentrationen.

Oben: Zwei Ju 52-Transportmaschinen im Tiefflug über einer langen Truppenkolonne mit Pferdewagen in Deblin an der Weichsel, 16. September 1939. Zur Unterstützung der Bodentruppen auf ihrem schnellen Vormarsch teilte die Luftwaffe das Land in verschiedene Zuständigkeitsbereiche auf: Der ostpreußische Stützpunkt versorgte Polen vom Westen bis zur Weichsel, hinunter bis nach Grudziauz, nach Warschau hinein und dann südöstlich nach Lwow und die südöstlichen Regionen Polens. Der Stützpunkt in Pommern versorgte das Gebiet von der polnischen Pommerngrenze nach Osten bis zur Weichsel und dann nach Süden und umfasste auch Poznan, Kielce, Radom und Warschau.

55

BLITZKRIEG

Oben: Ein erschöpfter Soldat legt auf dem schnellen Vormarsch des Heeres nach Osten eine Rast ein, die er auch dringend nötig hat. Er trägt eine Feldmütze und ist mit Fangschnüren dekoriert, wie sie von Adjutanten getragen wurden. Normalerweise – und sicher nicht im Einsatz – wurden Fangschnüre ausschließlich an Parade- und Ausgehuniformen getragen. Für Adjutanten gab es mattsilbrige Fangschnüre, die unter der rechten Schulterklappe mit einem kleinen grauen Hornknopf und am anderen Ende an der Innenseite des Waffenrocks befestigt wurden.

BEGINN DES BLITZKRIEGS

Links: Ein berittener deutscher Offizier betrachtet die Überreste einer unter Beschuss geratenen polnischen Kolonne; daneben steht eine antiquierte Feldkanone aus dem Ersten Weltkrieg, die zur damaligen Zeit zu den leichten Geschützen zählte. Wie 1914 wurde sie von Pferden gezogen. Für die Anforderungen der Infanterie im Jahre 1939 feuerte diese Feldkanone mit einer viel zu hohen Anfangsgeschwindigkeit, und die Flugbahn ließ sich nur unzureichend beeinflussen. Trotz ihres Alters, ihrer schwachen Feuerkraft und Konstruktion war diese Kanone selbst mit einer nicht so geübten Bedienung in der Lage, einen leichten Panzer wie den PzKpfw I gravierend zu beschädigen oder sogar abzuschießen.

Unten: Diese Bedienung einer 15-cm-Feldhaubitze sFH 18 hat vor Eröffnung des Artillerietrommelfeuers in ihrer Geschützstellung nicht viel zu tun. Alles ist ausgepackt und bereit gelegt, die Erdsporne sind jedoch nicht eingegraben worden. Einige der vorbereiteten Granaten liegen auf dem Boden, was nur für kurze Zeit und bei trockenem Wetter möglich war. Mit der hier abgebildeten Feldhaubitze konnten je nach gewünschter Reichweite und Wirkung auf das Ziel acht verschiedene Treibladungen abgefeuert werden, die maximale Reichweite betrug aber 13.250 m. Die Räder wurden mit Matten unterlegt, um ein Einsinken zu verhindern.

57

Unten: Eine Kolonne von PzKpfw 35(t) rasselt durch ein polnisches Dorf. Dieser von den Tschechen gebaute Panzer war für seine Zeit eine fortschrittliche Konstruktion. Seine Bewaffnung war vergleichbar mit jener des PzKpfw III, bestehend aus einem 3,7-cm-Geschütz und einem koaxialen Maschinengewehr sowie einem weiteren in der Frontplatte. Die Besatzung bestand aus einem Kommandanten/Richtschützen, Ladeschützen, Fahrer und MG-Schützen/Funker im Bug. Das weiße Kreuz an der Seite des Turms sollte den Beschuss aus den eigenen Reihen verhindern, machte die Panzer aber zu einer guten Zielscheibe für die polnische Panzerabwehr. Die Kreuze wurden nach und nach von den Panzerbesatzungen ganz oder zumindest teilweise übermalt.

Rechts: Dieser Heeresoffizier zieht für die Kamera eine ziemlich komische Grimasse, als sich in einem Verkehrsstau östlich der Weichsel Mitte September 1939 allmählich Langeweile breit macht. Er trägt eine Offiziersfeldmütze des »alten Heeres«, ein 6 x 30-Fernglas und eine Patronentasche für seine Pistole. Lange Fahrzeugkolonnen wie diese waren nur durch die deutsche Luftüberlegenheit möglich. Dadurch waren die deutschen Streitkräfte auf ihrem Vormarsch nicht ständig Luftangriffen ausgesetzt, was ein wesentlicher Faktor der schnellen und vernichtenden Blitzkriegstaktik war.

Oben: Polen werden auf einem Feldweg in die Gefangenschaft geführt. Es gibt keine genauen Angaben darüber, wie viele Polen ums Leben kamen, man weiß aber, dass rund 800.000 Mann von der polnischen Regierung während des gesamten Krieges mobilisiert wurden und insgesamt 694.000 Mann gefangen genommen wurden. Die fehlenden 106.000 Mann sind entweder gefallen, mussten über die Grenze nach Rumänien fliehen oder wurden von der Roten Armee gefangen genommen, als diese am 17. September 1939 einmarschierte.

Unten: Am Rande eines Waldes bereitet sich die Bedienung einer gut getarnten Panzerabwehrkanone (Pak) 35/36 aufs Feuern vor. Die beiden am Boden liegenden Soldaten zeigen, dass es hier eine feindliche Stellung gibt: Jede plötzliche Bewegung könnte das Feuer der Gegenseite auf sich ziehen. Obwohl die Deutschen in diesem Feldzug in der Bewaffnung überlegen waren, versuchten die Polen fanatisch, ihre Verteidigungsstellungen zu halten und kämpften manchmal bis zum Tod.

Oben: Ein frisches Grab eines deutschen Soldaten mit seinem Stahlhelm M1935 auf dem Holzkreuz als Zeichen seiner Tapferkeit im Feld. Während des 36 Tage dauernden Polenfeldzugs gab es auf Seiten der Wehrmacht 8082 Gefallene, 27.278 Verwundete und 5029 Vermisste. Die Zahl der Opfer war aber verglichen mit den polnischen Verlusten äußerst gering.

Unten: Polnische Kriegsgefangene warten nach ihrer Kapitulation auf weitere Anweisungen. Ihre Gewehre liegen im Graben dahinter. Der zügige Vormarsch der Deutschen war für die Polen ein großer psychologischer Schock, daher war es schon bemerkenswert, dass sie überhaupt eine Verteidigung zu Stande brachten. Wie die polnischen Gegner, kämpften auch die deutschen Soldaten hartnäckig und kompensierten ihre Unerfahrenheit mit Mut und Eifer. Es besteht wohl kaum ein Zweifel daran, dass die Wehrmacht mit ihrem starken Selbstbewusstsein und erprobten Operationstechniken ein übermächtiger Gegner war. Polen war nur die Generalprobe für noch größere Unternehmen.

Rechts: Ein zerstörter polnischer Kleinpanzer TKS gleich außerhalb von Warschau im September 1939. Dieses Fahrzeug gehörte vermutlich zur mechanisierten Brigade von Warschau, die an der Verteidigung der Hauptstadt beteiligt war. Die Brigade bestand aus einer Kompanie mit Panzern 7-TP und zwei Kompanien mit Kleinpanzern TKS mit je 17 bzw. 13 Fahrzeugen. Die Deutschen erbeuteten gewaltige Mengen an polnischen Panzern und anderer Ausrüstung. Die Qualität dieser Ausrüstung genügte aber keineswegs den hohen Ansprüchen der Wehrmacht, fand aber Verwendung in der Ausrüstung mehrerer deutscher Satellitenstaaten.

BLITZKRIEG

Oben: Nach der endgültigen Niederlage Polens am 6. Oktober 1939 bleibt einer Gruppe deutscher Soldaten Zeit zum Entspannen und Herumalbern. Zwei der Soldaten tragen eine polnische Kopfbedeckung, einer der Männer hat sich einen Umhang der polnischen Armee umgehängt. Die deutsche Kriegsbeute umfasste Tausende verschiedener Ausrüstungsteile, darunter auch viele abgelegte militärische Kleidungsstücke. In einigen Gebieten desertierten Polen, nachdem sie von ihren Einheiten getrennt worden und tagelang ziellos durchs Land geirrt waren. Sie entledigten sich ihrer Uniformen und zogen Zivilkleidung an.

BEGINN DES BLITZKRIEGS

Oben: Ausrüstung der Wehrmacht und polnische Beutestücke auf einem Haufen. Sie wurden vielleicht gerade für die Wiederausrüstung der Infanterie abgeladen. Funkausrüstung, Munitionskisten, polnische und deutsche Stahlhelme, Mauser-Gewehre und verschiedene MG 34 sind hier zu sehen. Das MG 34 war die stärkste und wirksamste Infanterieunterstützungswaffe des Wehrmachtsoldaten.

Oben: Jetzt ist auch für die letzten Reste der polnischen Armee das Ende gekommen, die hier zusammengetrieben und in rückwärtige Kriegsgefangenenlager gebracht werden. Sowohl London als auch Paris waren verblüfft angesichts des Erfolgs der Blitzkriegstaktik, mit der die Wehrmacht bei einem Verlust von nur einem Prozent ihrer Armee halb Polen in nicht einmal vier Wochen überrannte.

Obwohl die polnische Armee schlecht geführt wurde und Ausrüstung wie auch Nachschubmethoden veraltet waren, bewies sie als Ganzes Tapferkeit und schlug sich außergewöhnlich gut gegen die übermächtige Wehrmacht und später die Rote Armee. Bis zum 18. September wurden die Reste der Armee in einer gewaltigen Zangenbewegung eingeschlossen.

63

KAPITEL 3

DER WESTFELDZUG

Der Angriff auf die Niederlande und auf Belgien

Die vernichtende Wirkung des Blitzkriegs auf Polen zwang den Westen zu dem Eingeständnis, dass die von der Wehrmacht angewandte Blitzkriegstaktik wohl die draufgängerischste Methode einer modernen, voll ausgerüsteten Armee war. Frankreich und Großbritannien erkannten nun, wie sich durch die schnellen und vernichtenden deutschen Boden- und Luftoperationen rasche Siege erzielen ließen. Der Blitzkrieg war über Polen gekommen,

Links: Bei Tagesanbruch am 10. Mai 1940 feuert die Bedienung einer 15-cm-Feldhaubitze sFH der 18. Armee eine Salve mit großer Vernichtungswirkung auf die niederländischen Stellungen ab.

Gegenüber: Bei Monthermé überquert ein mittlerer Horch-Geländewagen eine mit zusammengezurrten Schlauchbooten konstruierte Brücke.

und für Hitler war das erst der Anfang. In einer Führerweisung für eine Westoffensive legte er seinen genauen Angriffsplan dar. Ziel der Offensive war der Sieg über die französische Armee und die an ihrer Seite kämpfenden alliierten Streitkräfte wo immer möglich. Gleichzeitig sollten die deutschen Kräfte in Belgien, den Niederlanden und Nordfrankreich Gebiete erobern, die dann als Ausgangspunkt für die Durchführung eines erfolgreichen Luftkriegs gegen England genutzt werden konnten. Die Westoffensive war schon Anfang Oktober 1939 geplant worden, wurde aber erst im Frühjahr 1940 gestartet.

Panzer nach vorn!

Am Nachmittag des 9. Mai 1940 gab Hitler schließlich das Signal an alle für die deutsche Westoffensive bereit stehenden Einheiten. Am späten Abend erhielten sie mit dem Kodewort »Danzig« schließlich den Angriffsbefehl. Das Hauptziel der Operation war der Einsatz von Panzereinheiten der Heeresgruppe A, die nach Süden durch Luxemburg und das bewaldete Ardennengebiet vorstoßen sollten, das bis dahin als für Panzer unpassierbar angesehen wurde. Im Nordabschnitt konzentrierte die Heeresgruppe B den Hauptangriff auf Belgien, um die Alliierten in eine Falle zu locken. Denn hier rechneten die britischen Expeditionsstreitkräfte sowie das französische und belgische Heer damit, die Hauptkräfte der Wehrmacht auf ihrem Vormarsch nach Westen zu treffen.

In den frühen Morgenstunden des 10. Mai begann der Einmarsch in die Niederlande. Als Auftakt zu den Gefechten wurden die feindlichen Verteidigungsstellungen entlang der niederländischen und belgischen Grenze durch Luftangriffe gelähmt. Kurz darauf erfolgten massive Angriffe auf eine Reihe von Schlüsselzielen mit Fallschirmjägern und Gleitflugzeugen. Sie nahmen strategisch wichtige Brücken und Flugfelder ein. Diese 2000 hervorragend ausgebildeten und gut ausgerüsteten Soldaten der 7. Fliegerdivision und 12.000 Mann der 22. Luftlandedivision hatten noch weitere Spezialaufträge, darunter die Einnahme wichtiger Flugfelder und Brücken rund um Städte wie Amsterdam, Utrecht, Rotterdam und Dordrecht. Neben der Erreichung dieser Ziele hatten sie auch die Aufgabe, die politische und militärische Führung in Den Haag auszuschalten oder gefangen zu nehmen. In Belgien warteten auf die Fallschirmjäger einige äußerst riskante Herausforderungen, darunter die Zerstörung einer strategisch wichtigen Verteidigungslinie entlang der Grenze und die Eroberung einer der gewaltigsten Befestigungsanlagen der Welt, die bis dahin als uneinnehmbar galt: Eben Emael.

Am 11. Mai hatten die Fallschirmjäger nach einer erbitterten und blutigen Schlacht die belgische Verteidigung zerschlagen und dieses für unüberwindlich gehaltene Sperrfort erobert. Diese zweifellos gewagte und entscheidende Operation spielte im Blitzkrieg eine Schlüsselrolle. Auch die Luftwaffe fuhr mit ihrer Hauptaufgabe, der Vorbereitung der Bodenoffensiven, fort. Sie hatte 3634 Maschinen an der Front, davon 1016 Jagdflugzeuge, unter den restlichen befanden sich 1562 Bomber. Sie trug wesentlich zum Erfolg in den Nieder-

BLITZKRIEG

Oben: In einer belgischen Stadt stehen mitten in den Trümmern eines Gebäudes zwei bei einem Luftangriff zerstörte französische Panzer »Hotchkiss H-35«. Die französische Armee besaß am 10. Mai 1940 3132 moderne Panzer, etwa 550 neue Panzer wurden noch nachgeliefert, um die Verluste in den bevorstehenden Schlachten auszugleichen. Der Hotchkiss H-35 hatte zwar eine stärkere Panzerung als das deutsche Gegenstück, hatte aber eine geringere Geschwindigkeit und einen begrenzten Aktionsradius. Die den französischen als auch britischen Expeditionsstreitkräften zur Verfügung stehenden Panzer waren den deutschen Panzern weder quantitativ – etwa 3500 auf jeder Seite – noch qualitativ unterlegen. Schuld an ihrer Unterlegenheit und teilweisen Zerstörung waren die veralteten Panzertaktiken der Alliierten.

landen bei, was sich auch gleich zeigte, als die Bodentruppen der Heeresgruppe B unter dem Befehl von General Fedor von Bock mit ihrem Blitzangriff starteten.
Für die Offensive im Westen standen zwei Heeresgruppen zur Verfügung. Die Heeresgruppe B erhielt die Aufgabe, mit ihren Truppen und den schnellen Panzerkolonnen durch Belgien und die Niederlande vorzustoßen. Die Heeresgruppe A, die dem Befehl von Feldmarschall Gerd von Rundstedt unterstand, sollte durch die Ardennen stoßen und die Alliierten in Nordfrankreich mit ihren starken Panzerdivisionen überraschen. Insgesamt hatten beide Heeresgruppen in Belgien, den Niederlanden, Luxemburg und Frankreich 134 Divisionen im Einsatz, darunter zehn Panzerdivisionen in einer Stärke von 2771 Panzern. Die Heeresgruppe A bestand aus 45 Divisionen, davon sieben Panzerdivisionen. Die Heeresgruppe B setzte sich aus 29 Divisionen zusammen, davon drei Panzerdivisionen. Die Panzerkräfte wurden schwerpunktmäßig für einen Vorstoß durch die Ardennen im Süden eingesetzt, die drei Panzerdivisionen der Heeresgruppe B erhielten dafür die Unterstützung fast sämtlicher deutscher Luftlandetruppen.

Der Angriff auf die Niederlande
Am Boden erfolgte der Angriff auf die Niederlande durch die 18. Armee unter General Georg von Küchler, die mit drei Angriffsspitzen zum Sturm ansetzte. Obwohl die 18. Armee kleiner war als die ihr gegenüberstehende niederländische, gelang es ihr bereits in den ersten Stunden der massierten Angriffe, den Widerstand großteils zu brechen.
In einigen Bereichen lief der Angriff jedoch nicht wie geplant. Einige niederländische Befestigungen leisteten hartnäckigen Widerstand, sodass die Deutschen schwere Artillerie hinzuziehen mussten. An der Maas bei Gennep fiel die 9. Panzerdivision in die Niederlande ein, fegte Reste der französischen 9. Armee hinweg und überquerte die von den Fallschirmjägern unversehrt eingenommene Brücke von Moerdijk. Die französischen Truppen wurden außerdem von schweren Boden- und Luftangriffen zermürbt und wie die niederländischen Kräfte gezwungen, den geordneten Rückzug nach Antwerpen anzutreten. In den Niederlanden merkten die deutschen Soldaten schnell, was allein Infanterie und Panzer erreichen konnten. Ihr schneller Vormarsch führte sie direkt in große

DER WESTFELDZUG

Links: Ein Beweis der zerstörerischen Kraft der Luftwaffe in den ersten Tagen der Westoffensive. Hier wurde eine Kolonne von einem der berüchtigten Stukas, Ju 87, in Belgien am 10. Mai 1940 angegriffen. Der Stuka, kurz für Sturzkampfflugzeug, wurde in den Niederlanden und in Frankreich als mobile Artilleriebatterie eingesetzt, wenn die Bodentruppen Nahunterstützung außerhalb der Reichweite konventioneller Geschütze benötigten. Der Luftwaffe standen für den »Fall Gelb« etwa 3950 Maschinen zur Verfügung. Davon waren etwa 1120 Bomber, meist Heinkel He 111, die anderen waren Dornier Do 17 und Junkers Ju 88. Es gab 340 Ju 87 und 40 ältere Henschel Hs 123-Nahunterstützungsflugzeuge, 860 Messerschmitt Bf 110 zweimotorige Jäger, 475 Junkers Ju 52-Transportmaschinen und 45 DFS 230-Gleitflugzeuge.

auf dem Rückzug befindliche Feindverbände hinein und ermöglichte die Einnahme einer Stadt nach der anderen, eines Dorfs nach dem anderen. Rotterdam war bereits in Sicht, seine Einnahme würde den Sieg über die »Festung Holland« bedeuten. Am 13. Mai erreichte die 9. Panzerdivision schließlich die Vororte Rotterdams. Die Niederländer hielten aber immer noch große Teile der Stadt. Nach einem massiven Luftangriff, in dessen Zentrum der Brückenkopf stand, ergab sich Rotterdam schließlich am 15. Mai zusammen mit zerschlagenen Resten der gesamten niederländischen Armee.

Der Einmarsch in Belgien

Während die 9. Panzerdivision auf Rotterdam zurollte, setzten zwei der 6. Armee zugeteilte Panzerdivisionen gleichzeitig zum Angriff über einen schmalen Landstreifen an, der Deutschland, die Niederlande und Belgien trennt. Diese Kräfte gehörten General Erich Hoepners XVI. Panzerkorps an und stießen auf die belgische Stadt Maastricht zu. Die Zerstörung der Maasbrücken bei Maastricht hatte der belgischen Armee eine Atempause verschafft, doch am Nachmittag des 11. Mai begannen die ersten Panzerdivisionen, auf Pontons über die Maas zu setzen. Später an diesem Tag wurde eine transportierbare Brücke über den Fluss geschlagen, damit der Rest des XVI. Panzerkorps übersetzen konnte. Die belgische Armee hatte die Flüsse und Kanäle als Haupthindernisse für den Vormarsch der deutschen motorisierten Einheiten angesehen. Doch die Panzer stellten beim Bewältigen der Wasserhindernisse ihre Geschicklichkeit unter Beweis, selbst wenn diese schwer verteidigt wurden, und so fanden sich die belgischen Truppen bald am Albertkanal von der daherdonnernden 4. Panzerdivision umfasst. An der Maas setzten die 3. und 4. Panzerdivision über den Fluss, während die britische Luftwaffe vergeblich versuchte, in

Links: Dieser leichte Horch-Befehlswagen ist nicht unter Beschuss geraten, sondern sein Motor hat sich plötzlich entzündet und ist in Flammen aufgegangen. Der Fahrer rettet noch schnell, was noch zu retten ist, bevor der ganze Wagen Feuer fängt. Bei dieser besonderen Ausführung des leichten Horch-Befehlswagens waren Motorbrände keine Seltenheit. Sogar der Horch, der ein Jahr später von General Erwin Rommel in Afrika gefahren wurde, ging wegen eines Motorschadens plötzlich in Flammen auf.

67

BLITZKRIEG

einer Reihe selbstmörderischer Bombeneinsätze die Maasübergänge vor den vorrückenden deutschen Kräften zu zerstören. Die niederländische Armee zog sich jedoch weiter zurück und hoffte, von der französischen 1. Armee und den britischen Expeditionsstreitkräften an der Dyle Unterstützung für ihre immer schwächeren Reihen zu erhalten. Die französische 1. Armee verfügte jedoch nur über zwei Kavalleriedivisionen, und die Briten besaßen so gut wie keine Panzerkräfte. Ihnen gegenüber stand Hoepners Panzerkorps, das aus der 3. und 4. Panzerdivision mit etwa 600 Panzern bestand. Ihre Panzerbesatzungen waren kampferprobte Veteranen aus dem Blitzkrieg gegen Polen, die nun entschlossen waren, den Alliierten in Flandern eine Kostprobe ihrer höchst erfolgreichen Taktik zu geben.

Als sich die gesamte Front in Unentschlossenheit und Verwirrung aufzulösen begann, versorgten die Männer der demoralisierten französischen Armee ihre Verwundeten und zogen sich nach Antwerpen zurück. Wie schon 1914, drohte den Alliierten nun eine Katastrophe, doch diesmal war die Krise möglicherweise noch viel schlimmer. An der Front der britischen Expeditionstruppen herrschte Chaos. Nacheinander wurden die Einheiten eingeschlossen, gefangen genommen, überrannt und niedergemetzelt. Die Briten mussten nun ernsthaft befürchten, ihre einzige Armee und große Teile ihrer Luftwaffe zu verlieren, wenn sie weiterhin bei den Franzosen und Belgiern an der zusammenbrechenden Frontlinie standen. Inzwischen gerieten auch die Franzosen unter unglaublichen Druck und waren ebenfalls gezwungen, sofort zu handeln, bevor sie abgeschnitten und vernichtet wurden. Völlig demoralisiert zogen sie sich zögernd weiter nach Westen zurück und fanden sich bald auf französischem Boden wieder.

Unten: Gefangene französische Soldaten kümmern sich um ihre Verwundeten nach dem geglückten Durchbruch der deutschen Panzer ans westliche Maasufer am 15. Mai 1940. Die niederländischen und belgischen Kräfte wurden vom heftigen deutschen Panzerangriff arg in Mitleidenschaft gezogen. Inzwischen führten die französische 1., 7. und 9. Armee sowie die britischen Expeditionskräfte den alliierten Plan aus, das so genannte »Manöver Dyle« zur Verteidigung der Niederlande. Die Alliierten waren entlang der Flüsse Dyle und Maas in Belgien stationiert, hatten ihre Gegner jedoch völlig unterschätzt und wurden entweder in einer Zermürbungsschlacht aufgerieben, zum Rückzug gezwungen oder eingeschlossen und vernichtet.

Oben: Soldaten des britischen Expeditionskorps werden in die Gefangenschaft geführt. Der ersten Phase der deutschen Invasion stellte sich die 51. Highland Division entgegen, die zur französischen 3. Armee zur Verteidigung der Maginotlinie abgestellt war, sowie die 12., 23. und 46. Territorial Division, die mangels an Ausrüstung zu Arbeiten im rückwärtigen Gebiet eingeteilt wurden. Diese Soldaten waren der überlegenen Kampfkraft der deutschen Armee nicht gewachsen. Sie hatten es nicht nur mit gut ausgerüsteten und ausgebildeten Truppen zu tun, sondern wurden von den schnell durch ihre Verteidigungslinie vorstoßenden Panzerdivisionen völlig überrumpelt.

Unten: Eine gefährliche Überfahrt für die Mannschaft, die diese schwere 15-cm-Feldhaubitze am 12. Mai 1940 auf Pontons ans andere Maasufer bringen will. Wegen ihres Gewichts und ihrer Größe wurde die schwere Feldhaubitze zweilastig im Pferdezug und einlastig motorisiert gefahren. Das Rohr mit der Wiege ist in untere Stellung gebracht, fast bis auf die Hinterachse, und gerade so weit zurückgezogen, dass sich der Schwerpunkt innerhalb der Lafette befindet. Der Transport war immer eine schwierige und zeitaufwändige Prozedur, besonders wenn eine Geschützmannschaft mit dem Vormarsch der Panzerspitzen mithalten wollte.

BLITZKRIEG

Links: In dem verzweifelten Versuch, die Panzerspitzen der feindlichen Divisionen aufzuhalten und sie an der Überquerung der Maas zu hindern, sprengten Franzosen, Belgier und Briten einige Brücken in die Luft. Deshalb wurden in Belgien von den deutschen Brückenbaueinheiten zahlreiche Pontonbrücken errichtet. Einige Kommandanten konnten es nicht mehr erwarten, die Maas zu überqueren und ihren schnellen Vorstoß fortzusetzen, und fuhren mit ihren schweren Panzern wie dem PzKpfw IV auf Pontonflöße auf, womit sie deren Tragfähigkeit um mehr als 100 Prozent überschritten. Gelegentlich hatte das fatale Folgen, das Floß sank samt Besatzung auf den Grund des Flusses.

Oben: Kriegsbeute auf einem Feld in Belgien. Hunderte französische und belgische Stahlhelme und andere Ausrüstung erinnern daran, zu welchem Preis die Verteidigung der Niederlande gegen Deutschland erfolgte. Im Hintergrund wurden erbeutete Panzer mit Planen abgedeckt, um sie vor der feindlichen Luftbeobachtung zu verbergen. Französische Panzer wurden oft übermalt und erhielten ein neues taktisches Zeichen, bevor sie auf deutscher Seite wieder eingesetzt wurden.

DER WESTFELDZUG

Oben: Hunderte französischer und kolonialer Soldaten gerieten in Gefangenschaft, darunter Soldaten der 4. afrikanischen Division. Da keine deutschen Transportmittel zur Verfügung standen, mussten sie zu Fuß ins deutsche Hinterland marschieren. Bei den vielen Maasübergängen gelang es Franzosen und Briten jedoch nicht, irgendeinen entscheidenden Angriff zu starten. Dem Gegner blieb also Zeit, sich zu sammeln und eine Reihe konzertierter Angriffe zu starten, um seinen Brückenkopf auszuweiten und weitere gegnerische Truppen zu umgehen und einzuschließen – mit verheerenden Konsequenzen für die Alliierten, wie man sieht.

BLITZKRIEG

Oben: Das Gesicht des Blitzkriegs – ein auf einer französischen Straße dahinrasender PzKpfw IV, im Turm der Panzerkommandant. Die Signalkelle in seiner Hand dient der optischen Zeichengebung der Panzer untereinander, ähnlich wie mit Semaphorfahnen. Dadurch konnten die Panzer in Funkstille operieren. Der PzKpfw IV verfügte über eine 7,5-cm-Kanone mit geringer Mündungsgeschwindigkeit, die auch den stärksten Gegner ausschaltete. Mit der Bewaffnung einiger Panzer auf alliierter Seite konnte er es nicht aufnehmen. Trotzdem war er ein guter Allrounder und blieb in verschiedenen Ausführungen den ganzen Krieg hindurch im Einsatz.

Rechts: Das Vorankommen auf den oft engen und mit Fahrzeugen übersäten Straßen in Belgien war schwierig. Bei dem Versuch, an einem größeren Fahrzeug vorbeizufahren, blieben die Wagen oft im Straßengraben liegen oder im Erdreich stecken. Hier versuchen Soldaten einen Lastwagen herauszuziehen, indem sie die Vorderräder mit Brettern unterlegen. Da es einer der Soldaten so eilig hat, muss es wohl schnell gehen, um einen Verkehrsstau zu verhindern. Ein alter Mann und zwei Kinder beobachten vom Feld dahinter, wie sich die Deutschen mit dem Fahrzeug plagen.

Unten: Ein Soldat wirft einen Blick durch die Luke eines verlassenen britischen leichten Panzers Mk VI. Der Panzer gehörte höchstwahrscheinlich zur britischen 1. Panzerdivision, die insgesamt über 174 leichte Kampfpanzer Mk IV mit einer 2-Pfünder-Kanone verfügte. Alles in allem hatte das britische Expeditionskorps 300 Panzer in Frankreich, 200 waren Aufklärungspanzer VIB, während die anderen Schützenpanzer waren. Davon waren 77 Panzer vom Typ Matilda I, die nur mit einem Maschinengewehr bestückt waren, und nur 23 von ihnen waren die neuesten Typen Matilda II.

BLITZKRIEG

Oben: Ein abgeschossenes SdKfz 263. Dieser Panzerfunkwagen, der mit einer weitreichenden Funkausrüstung ausgestattet war und normalerweise bei den Fernmeldeeinheiten zum Einsatz kam, hat vorne auf dem Motor einen Direkttreffer abbekommen. Die feindliche Granate hat eines der Räder weggerissen, geblieben sind nur mehr die verkohlten Vorderräder ohne Bereifung. Bei einem so großen Feuerschaden ist anzunehmen, dass das SdKfz 263 auch innen völlig zerstört war und die Funkausrüstung nicht mehr gerettet werden konnte.

Links: Eine andere Ansicht des auf der vorigen Seite abgebildeten verlassenen leichten Panzers Mk VI »Vickers«. Das Fahrzeug hatte eine Drei-Mann-Besatzung und wog rund 5,2 Tonnen. Es war mit einem 12,7-mm-MG und einem 7,7-mm-MG bestückt, eine Bewaffnung, die sich selbst gegen die leicht gepanzerten PzKpfw I als nicht sehr effektiv erwies. Obwohl die Geschwindigkeit dieses Fahrzeugs und seine Zuverlässigkeit die schlechte Bewaffnung und Feuerkraft wieder etwas kompensierten, hatte der Mk VI in Belgien und Frankreich nur einen begrenzten Gefechtswert, selbst als Aufklärungspanzer.

Oben: Soldaten eines nicht bekannten Regiments bestatten ihre in Belgien gefallenen Kameraden. Der Blitzkrieg zur Eroberung der Niederlande und dann Frankreichs war für die Deutschen verlustreicher als jener in Polen. Die Verluste beliefen sich insgesamt auf mindestens 200.000 Mann, davon 40.000 Tote. Obwohl es keine genauen deutschen Angaben über die Zahl der während ihres schnellen Vorstoßes über Belgien gefallenen Soldaten gibt, weisen Schätzungen nicht mehr als 5000 Tote aus. Das wurde vom deutschen Oberkommando wohl als ein leichter Verlust angesehen in Anbetracht des riesigen Truppenaufmarsches für diesen Feldzug.

Unten: Die Angriffe über die Maas wurden von einer Reihe schwerer und anhaltender Bombardierungen der feindlichen Verteidigungsstellungen durch die Luftwaffe vorbereitet und begleitet. In dieser Phase kämpfte sich das Gros der deutschen Artillerie noch durch die Ardennen in Richtung Front vor. Fast zehn Stunden lang nahm die Luftwaffe französische Stellungen unter Beschuss. Auf diesem Bild sucht ein deutscher Soldat das Westufer der Maas ab, das nach heftigen Angriffen bei Tag immer noch in Flammen steht. Die französischen Verteidiger dieser Stellungen müssen einem lang andauernden demoralisierenden Angriff ausgesetzt gewesen sein, der eine beispiellose Zahl von Opfern forderte.

Oben: Eine 15-cm-Feldhaubitze sFH 18 mit Bedienungsmannschaft unter einem Tarnnetz. Diese Waffe konnte ihre zerstörerische Ladung bis zu einer maximalen Entfernung von 13.250 m feuern. Als schwere Standardfeldhaubitze der Wehrmacht im Blitzkrieg gegen den Westen wurde das Geschütz mit großem Erfolg bei der Räumung stark konzentrierter feindlicher Verteidigungsstellungen eingesetzt. Durch seine hohe Mündungsgeschwindigkeit und schweren Granaten war es eine absolut tödliche Waffe. Die Haubitze war sehr schwer – besonders mit einer Spreizlafette von 5512 kg – und wurde im Westfeldzug meistens schon mit Halbkettenfahrzeugen anstatt mit Pferden transportiert. Das bedeutete weniger Aufwand für die Geschützmannschaft und einen geringeren Abstand zwischen Artillerie und vorgeschobenen Panzereinheiten.

Unten: Ein abgesessener Kradfahrer sieht sich einen brennenden Panzer »Renault FT« an, der anscheinend einen Volltreffer aus einer Panzerabwehrkanone, wahrscheinlich einer Pak 35/36, erhalten hat. Diese veralteten Panzer stammten noch aus dem Ersten Weltkrieg. Erstaunlicherweise waren im Mai 1940 noch immer 1500 von ihnen einsatzfähig, mit den überlegenen deutschen Panzern konnten sie es aber nicht aufnehmen. Benachteiligt durch ihre schlechte Hauptbewaffnung und geringe Geschwindigkeit waren sie viel leichtere Ziele als die französischen Panzer »Renault R 35« oder der »Char B1 *bis*«.

Links: Eine Kolonne deutscher Soldaten mit verschiedenen Fahrzeugen und bespannter Artillerie auf dem Vormarsch durch Belgien Richtung Westen. Auf den vielen langen Märschen durch Belgien traf man oft auf keinerlei Widerstand. Die Taktiken der Alliierten waren überholt, und aufrückende Einheiten, die die Situation retten sollten, wurden über die ganze Frontlinie verzettelt oder zur Auffüllung der großen von den Panzern in die Front gerissenen Lücken geworfen. Weil die Panzereinheiten manchmal 16 bis 24 km voraus waren, trafen die Männer selten auf den Gegner, sondern folgten nur der Spur der Verwüstung, die Panzer und Luftwaffe hinterlassen hatten.

BLITZKRIEG

Unten: Deutsche Infanteristen legen hinter einer Mauer eine dringend benötigte Pause ein. Diese Soldaten gehören zur 4. Panzerdivision. Nachdem sie bereits die Maas und den Albertkanal überquert hatten, griffen sie belgische Formationen im Gebiet um Lüttich an. Ein Funker kniet bei seinen Kameraden. Am Stahlhelm M1935 ist Laub mit Gummibändern befestigt. Es wurden oft die unterschiedlichsten Materialien zur Befestigung des Laubs am Helm verwendet, wie Gummiringe, Stofffetzen und Maschendraht.

DER WESTFELDZUG

Oben: Eine weitere lange Kolonne französischer, britischer und kolonialer Soldaten in den Tagen nach den mörderischen Luftangriffen und vernichtenden Panzerdurchbrüchen. Unter den Gefangenen befinden sich wahrscheinlich auch französische Panzerbesatzungen. In Belgien war vielen französischen Panzern aufgrund ernsthafter Nachschubprobleme der Treibstoff ausgegangen, noch bevor sie das Kampfgebiet erreichten. Dadurch wurden viele Panzerbesatzungen eine leichte Beute für die deutschen Panzer.

Links: Wehrmachtsoldaten auf Fahrrädern und aus dem Kampfgebiet flüchtende Zivilisten auf einer belgischen Straße. Die Radfahrer tragen die gesamte Ausrüstung bei sich, die sie auf dem Schlachtfeld benötigen. Sie haben den ganzen Weg mit dem Fahrrad zurückgelegt, was nur durch die weite, flache Landschaft in den Niederlanden möglich war. Munitionskisten sind auf dem Gepäckträger verstaut, und jeder Mann trägt die typische Grundausrüstung des Soldaten der Wehrmacht, darunter Gasmaskenbüchse, aufgerollte Zeltbahn, Schanzzeug und Mauser-Karabiner 98k.

BLITZKRIEG

Oben: Eine 14,5-Tonnen-Pontonbrücke wurde über der Maas errichtet, damit das Gros der deutschen Panzer ans andere Ufer gelangen und ihren gewaltigen Vorstoß nach Westen fortsetzen kann. Diese Fahrzeuge – mittlere Horch-Geländewagen und mittlere Opel-Lastwagen – folgen den Panzerspitzen. Trotz der Knappheit an Fahrzeugen in der Wehrmacht gab es in dieser Phase des Krieges nicht weniger als 100 verschiedene handelsübliche Lastwagentypen im Heeresdienst. Viele, davon einige in Reserve gehaltene Zivilfahrzeuge, waren unzureichend konstruiert und bei Beginn des Westfeldzugs bereits veraltet. Hunderte erwiesen sich als unzuverlässig und wurden daher von Pferdewagen ersetzt.

DER WESTFELDZUG

Oben: Der schnelle Vormarsch wird unterbrochen, um Nachschub aufzuladen. Die Panzerbesatzungen nutzen die Gelegenheit für eine Rast. Einer der Panzermänner hat sich eine britische Melone aufgesetzt, um sich über den Rückzug des Gegners nach Frankreich lustig zu machen. Es ist deutlich zu erkennen, dass die schwarzen Panzeruniformen außerhalb des Panzers wenig Tarnung geben. Interessant ist auch, dass diese Männer nicht die schwarze Ausführung der Feldmütze tragen, sondern die graue Einheitsfeldmütze M1938. Bei der schwarzen Sonderbekleidung waren abgesehen von den Rangabzeichen Schnitt und Farbe für alle Dienstgrade der Panzerwaffe gleich, auch für Generäle der Panzertruppen.

Oben: Französische und koloniale Soldaten werden nach der massiven deutschen Überlegenheit in Belgien ins rückwärtige Gebiet geführt. Als diese Soldaten tief in Belgien in Stellung lagen, hatten ihre Kommandeure keine Ahnung, was sie erwartete – verschanzte Infanterie, Panzerabwehr oder einfach ungeschützte Truppentransporte. Ihre Kommandeure waren so naiv, dass sie ohne richtige Aufklärung den Befehl zum Angriff gaben. Das zog schwerwiegende Folgen nach sich. Schon in den ersten Stunden der vernichtenden Angriffe wurden die Truppen von den Panzern und den tödlichen Luftangriffen zerschmettert, die an der feindlichen Front Chaos und eine noch nie da gewesene Zerstörung anrichteten – der vernichtende Blitzkrieg hatte begonnen!

Oben: Belgische Flüchtlinge passieren einen schweren Zugkraftwagen (SdKfz 8) mit einer leicht getarnten 15-cm-Feldhaubitze sFH 18. Für die unmittelbaren Kampfanforderungen benötigten die Panzerdivisionen ihre Artillerie. Jede Panzerdivision hatte drei Artilleriebataillone, das schwere Bataillon war mit zwölf Haubitzen sFH 18 ausgerüstet. Allein das Gewicht und der Transport und die Aufstellung dieser Artilleriegeschütze im Feld waren Grund genug, die Artillerie eher mit Kettenfahrzeugen auszustatten, als die Geschütze im langsamen, mühsamen Pferdezug zu fahren. 1940 bildeten Halbkettenfahrzeuge das Rückgrat der Wehrmacht bei der Beförderung der Artillerie zur Frontlinie.

Unten: Offiziere, Unteroffiziere und Mannschaften während einer Kampfpause in einer belgischen Stadt nahe der französischen Grenze. Sie tragen ihre Stahlhelme M1935, was zeigt, dass in diesem Gebiet immer noch mit Gefechten zu rechnen war. Die Feldbluse der Offiziere war meist aus hochwertigerem Material und unterschied sich deutlich durch die einfachen breiten Vorstöße. Getragen wurde sie mit Hosen und Schnürschuhen oder meist mit Offiziersreithosen und hohen Reitstiefeln. Offiziere konnten verschiedene Kopfbedeckungen zur Felduniform wählen: Schirmmützen, Offiziersfeldmützen oder Stahlhelm.

DER WESTFELDZUG

Unten: Ein schwerer Horch-Geländewagen überquert gerade eine beschädigte Brücke, die der Gegner auf seinem Rückzug nicht mehr zerstören konnte. Die Niederländer, dann die Belgier mit den Franzosen und britischen Expeditionsstreitkräften hatten verzweifelt versucht, den gewaltigen deutschen Panzervorstoß durch die Sprengung möglichst vieler Brücken zu stoppen. Die Alliierten nutzten die Wasserwege als Verteidigung gegen den Angriff. Die Sprengung der Brücken war nicht nur ein Versuch der weichenden Alliierten, die Deutschen so lange wie möglich aufzuhalten, sondern war auch für das Gebiet eine Warnung vor den näher rückenden deutschen Truppen. Den Fallschirmjägern gelang jedoch in den Niederlanden und Belgien die Sicherung einiger wichtiger Brücken, und so konnten die Panzerdivisionen ohne Verzögerung übersetzen und ihren Vormarsch fortsetzen, um ihre taktischen Ziele zu erreichen.

Rechts: Ein Soldat ist im Gefecht schwer verwundet worden; seine Kameraden warten anscheinend auf die Sanitäter. Außer einem Soldaten mit Stahlhelm M1935 tragen alle die Feldmütze M1938. An der Seite des Stahlhelms ist die Kokarde in den Reichsfarben Schwarz-Weiß-Rot zu sehen. An der linken Seite des Helms befand sich ein silberweißer Wehrmachtsadler auf schwarzem Grund. Ab 1940 wurde die Kokarde am Helm allmählich durch Hoheitsadler und Hakenkreuz ersetzt.

BLITZKRIEG

Oben: Deutsche Infanterie folgt den Panzerspitzen durch Belgien. Die Infanterie wurde für die Ausführung einfacher Pionieraufgaben ausgebildet. Schlauchboote wurden bis hinunter auf Kompanieebene ausgegeben, während Infanteriebataillone Pontons und Brückengerät für den Bau von Brücken mit einer Tragkraft von bis zu 4,5 Tonnen mitführten. Für das Übersetzen von Männern und Ausrüstung haben diese Soldaten hier Schlauchboote verwendet, die durchaus in der Lage waren, Panzerabwehrkanonen oder kleine Infanteriehaubitzen zu tragen. Die Soldaten halten einen mit Vorräten voll beladenen Karren, der am anderen Flussufer von den Pferden abgehängt wurde.

Rechts: Ein General beim Kartenstudium neben seinem leichten Horch-Befehlswagen. Dieses Fahrzeug trug sehr wahrscheinlich auf dem rechten Kotflügel eine frühe Version des Wimpels für Generale und auf dem linken neben der Motorhaube sowie auf der vorderen Stoßstange die Kommandoflagge eines Panzergruppenkommandeurs. Die leichten Horch-Befehlswagen erhielten meist den dunkelgrauen Einheitsanstrich. Für Identifikationszwecke innerhalb der Wehrmacht wurde wahrscheinlich der erste Buchstabe des Kommandeurnamens in Weiß auf den vorderen oder hinteren Kotflügel gemalt.

Unten: Die von den Kämpfen angerichtete Verwüstung war für die Soldaten auf ihrem Vormarsch durch Belgien ein allzu vertrauter Anblick. Ein Pferdewagen mit Artillerie zieht langsam hinter den Trümmern einer bombardierten gegnerischen Kolonne vorbei zur französischen Grenze. Zu einer deutschen Infanteriedivision gehörten damals 5375 Pferde, eine gewaltige Zahl, wenn man bedenkt, dass sie pro Tag über 45 Tonnen Heu und Hafer fraßen. Pferde brauchten viele Arbeitskräfte, denn sie mussten permanent gewässert, gestriegelt, gefüttert und bewegt werden. Außerdem mussten das Geschirr und andere Ausrüstung täglich überprüft werden, rund um die Uhr mussten Untersuchungen durchgeführt werden und die tierärztliche Versorgung für gesunde und kranke Tiere gewährleistet sein.

BLITZKRIEG

Oben: Eine Kolonne von Pferdewagen – die meisten gehörten zu einer Feldkücheneinheit einer der vorrückenden Kolonnen – setzt über eine soeben fertig gestellte Holzbrücke in Belgien. Daneben sieht man die gesprengte Brücke, die den Vorstoß nicht aufgehalten zu haben scheint. Die deutschen Pioniereinheiten waren äußerst geübt im raschen Errichten von Pontonbrücken. Der Masseneinsatz von Pferden wurde für den Blitzkrieg zwar nicht als geeignete Methode erachtet, war aber wegen der Knappheit an Motorfahrzeugen unerlässlich. Einheiten mit relativ geringer Priorität, wie Feldküchen, wurden eher von Pferden gezogen als von Halbkettenfahrzeugen.

Oben: Soldaten sehen eine gewaltige Ansammlung französischer und belgischer Kriegsbeute durch. Die Deutschen waren wahre Meister im Zusammentragen von allem, was sie finden konnten und verwendeten verschiedene französische und britische Beutewaffen wieder, da die französische Ausrüstung sich als gleich gut und sogar besser als die deutsche erwies. Es wurden neben anderen Fahrzeugen auch verschiedene Panzer – wie der französische »Char B1«, »Somula 35« und der »Renault R 35« – in die Wehrmacht eingegliedert. In einigen Fällen mussten die gefangen genommenen französischen Panzerbesatzungen ihre Kampfwagen sogar selbst durch Frankreich fahren.

Oben: Ein Kradfahrer eskortiert einen Horch-Befehlswagen über die französische Grenze. Im Sommer 1940 wurden vor allem von BMW und Zündapp Krafträder in Serie für die Wehrmacht produziert. Beide Firmen wollten so schnell wie möglich eine starke 750-cm³-Seitenwagenmaschine mit einem Antrieb sowohl für das Hinterrad als auch für das Seitenwagenrad herstellen. Die Wehrmacht setzte zwar Hunderte von Soldaten auf Krafträder, doch für den modernen Krieg waren sie außer als Kradmelder eher nicht geeignet. Auf schlechten Straßen konnten sie überhaupt nicht eingesetzt werden, und die Fahrer waren dem Beschuss aus Handfeuerwaffen ausgesetzt. Dank des außergewöhnlich schönen Wetters in diesem Sommer gab es aber nur wenige unpassierbare Straßen.

BLITZKRIEG

Rechts: Betroffen beobachten französische Zivilisten, wie eine Kolonne von mittleren Horch-Geländewagen einen französischen Grenzpunkt passiert. Die Gebäude und Straßen sind noch unversehrt, also hat es in diesem Gebiet scheinbar keinen Widerstand gegeben, was darauf schließen lässt, dass sich die britischen und französischen Kräfte an dieser Grenze sehr schnell vor den deutschen Angriffsspitzen zurückgezogen haben. Im Norden überquerten die deutschen Panzertruppen die französische Grenze und rückten am Nordufer der Somme vorwärts. Der Fluss bot ausreichenden Schutz vor französischen Gegenangriffen.

Oben: Im Platzregen gleich hinter der französischen Grenze im Norden des Landes versuchen deutsche Soldaten verzweifelt, einen Pferdewagen aus dem Schlamm zu ziehen. Kein Wunder, dass so ein Wetter bei den Soldaten verhasst war. In diesem Abschnitt regnete es ohne Unterlass, und die Pferdewagen kamen nicht vorwärts; von ihnen hing aber die Versorgung ab. Für die Pferde war das Herausziehen der stecken gebliebenen Wagen eine extreme Kreislaufbelastung, deshalb starben später an der Ostfront auch Hunderte von Tieren an Herzversagen.

DER WESTFELDZUG

Links: Während ihre Einheit Vorbereitungen für den Einmarsch in Frankreich trifft, bleibt Zeit für ein bisschen Entspannung in der Sonne und ein Kartenspiel. In einigen Aufmarschgebieten herrschte vor der letzten Phase des Feldzugs ein weit verbreitetes Gefühl der Erleichterung unter den Soldaten. Endlich gingen sie in die letzte Schlacht, auf die sie sich alle so lange konzentriert hatten. Das aufregende Gefühl, einer Elite anzugehören, nahm den Männern die Angst. Aber nicht alle waren begeistert, für so manchen war die Invasion in Frankreich reine Pflichterfüllung. Für die meisten Soldaten war es aber ein historischer Moment, und sie waren überglücklich, daran teilnehmen zu können.

Oben: Auch diese Soldaten warten in demselben Aufmarschgebiet auf den Weitermarsch nach Frankreich und nutzen die Gelegenheit zum Melken einer belgischen Kuh. Frische Milch war für die Soldaten eine Rarität. Die Feldküchen spielten eine wichtige Rolle im Leben der Soldaten; viele Studien haben gezeigt, wie wichtig eine regelmäßige warme Mahlzeit für die Aufrechterhaltung der Moral unter den Soldaten ist. Die deutschen Nachschublinien waren zwar in die Länge gestreckt, brachen aber nicht zusammen wie jene der Alliierten.

KAPITEL 4

DIE STRASSE NACH DÜNKIRCHEN

Der Zusammenbruch der Alliierten

Wie schon 1914 hatte der alliierte Geheimdienst auch diesmal den Ort des deutschen Hauptangriffs von 1940 nicht herausgefunden. 1914 rechnete Frankreich mit einem Angriff aus dem bewaldeten Ardennengebiet, hätte seine Streitkräfte aber auf eine Schlacht in Flandern vorbereiten sollen. 26 Jahre später flogen die alliierten Luftwaffen über flandrische Felder, doch diesmal wäre es besser gewesen, die Ardennen im Auge zu behalten.

Links: Ein »Hotchkiss H-39«-Panzer wurde von der Panzerabwehr getroffen und liegt zerstört auf einer belgischen Straße nahe der französischen Grenze. Die französische Armee hatte etwa 370 Hotchkiss.

Gegenüber: Bei Flavion, wo Angehörige der 4. afrikanischen Division gefangen genommen wurden, wartet ein Soldat auf seinen Abtransport als Kriegsgefangener ins rückwärtige Gebiet.

Hier im Süden stießen Rundstedts Streitkräfte der Heeresgruppe A, die aus sieben Panzerdivisionen bestanden, rasch und entschieden durch das Waldgebiet der Ardennen, das bis dahin als für Panzer unpassierbar angesehen wurde. Über enge Serpentinen, zwischen steilen Hängen und über viele buckelige Brücken, oft von Flüssen abgeschnitten, knatterten Panzerkolonnen und andere Motorfahrzeuge über die belgische, luxemburgische und französische Grenze. Als sie durch die Dörfer rollten, lächelten und winkten die Panzermänner den verblüfften Zivilisten von ihren offenen Panzertürmen aus zu. Auf den Straßen ging es eher darum, den Verkehr in Fluss zu halten, als um die eigentlichen Kämpfe, denn das Liegenbleiben eines einzigen großen Fahrzeugs konnte ausreichen, um die ganze Invasion im Süden zum Stillstand zu bringen. Dafür war das Flachland dahinter ein Traum für jeden Panzerkommandanten. Bei den weiten und offenen Eben, die vor ihnen lagen, waren die Panzer in der Lage, im Sturmlauf nördlich über Frankreich in Richtung Kanalküste zu rollen und damit die britisch-französischen Armeen in zwei Teile zu spalten.

Durch die Ardennen

Vier Tage lang, vom 10. bis zum 14. Mai 1940, stießen Hunderte von Fahrzeugen nacheinander durch die Ardennen. Über 800 Panzer waren bei den sieben Panzerdivisionen im Einsatz. Ein langer Zug aus Panzern, Artillerie, Lastwagen und anderen Panzerfahrzeugen rollte die engen Straßen entlang. In endlosen Schlangen donnerten die Konvois in Richtung Westen zur Maas. Niemand durfte halten, überall standen Soldaten, um den Verkehr in Fluss zu halten. Für die Fahrer gab es auch keinen Grund dazu, denn in den meisten Fällen lief die Fahrt gut. In nur wenigen Stunden hatten sich Rundstedts Truppen über die Grenze katapultiert und durchstießen zur Überraschung der belgischen und französischen Kräfte die Ardennen. Als der erste Tag sich dem Ende zuneigte, hatte die Gruppe von Kleist, obwohl die Panzerdivisionen gut vorangekommen waren, ihr Ziel nicht erreicht. In der Nacht hatte sie jedoch den Rückstand wieder aufgeholt und die französischen Einheiten erfolgreich zurückgedrängt.

Schon in den ersten 24 Stunden des Angriffs verschlimmerte sich die militärische Lage für die Franzosen. Von den vorrückenden feindlichen Panzern extrem unter Druck gesetzt, erhielten die Einheiten den Befehl, sich hinter die Maas zurückzuziehen. Jene Kräfte, die entweder abgeschnitten wurden oder es nicht mehr über den Fluss schafften, waren gezwungen, sich der Wucht des deutschen Vorstoßes entgegenzustellen. Die hohe Qualität der deutschen Waffen, besonders der Panzer, war für die raschen Bodengewinne von entscheidender Bedeutung. Der Angriff durch die Ardennen war das Ergebnis hervorragender Organisation und Stabsarbeit sowie großartiger Technik. Der Vorstoß vollzog sich in so raschem Tempo, dass das Gros der Artillerie und Infanterie weit zurückgelassen wurde und die Versorgungseinheiten wegen der weit in die Länge gezogenen Nachschubwege bald überfordert waren.

BLITZKRIEG

Aber Rundstedt war entschlossen, das Überraschungsmoment bestmöglich auszunutzen, ohne auf die erforderliche Unterstützung zu warten, die sich irgendwo im rückwärtigen Gebiet staute. Seiner Meinung gab es für den »Fall Gelb« nur eine Strategie, und zwar, unaufhaltsam weiter vorzustoßen, um den Schwung beizubehalten, der ein wesentlicher Faktor für den Erfolg des Blitzkriegs war. Die Alliierten konnten sich keinen richtigen Begriff von den Blitzkriegtaktiken machen und unternahmen auch nicht wirklich Anstrengungen, die Verstärkungen angesichts der herandonnernden Panzer voranzutreiben. Jetzt musste die Heeresgruppe A einen Übergang über die Maas erzwingen, um dann über das flache, offene Gelände Nordfrankreichs vorzustoßen.

Die Überquerung der Maas

Am 13. Mai hatten die deutschen Panzereinheiten die Maas erreicht und bereiteten sich schon auf das Übersetzen vor. Der Erfolg dieser Flussüberquerung war entscheidend für den deutschen Vorstoß über Frankreich. Nichts war gefährlicher für eine Armee als die Überwindung eines Flusses, besonders wenn der Gegner das Ufer verteidigte. Als erste Truppen Rundstedts erreichte die 7. Panzerdivision von General Erwin Rommel die Maas. Rommels leichte Division hatte sich nicht durch das tiefe Waldgebiet vorgearbeitet, sondern dieses Gelände über das dichte Unterholz bis zum Fluss umgangen. Seine Division war eine der stärksten Panzerdivisionen im Feld. Zum ersten Mal den Befehl über eine Panzereinheit zu haben, war für Rommel eine stolze und aufregende Aufgabe. Mit nur 48 Jahren beherrschte er bald sein neues Kommando in seiner ganzen Komplexität, und in Frankreich zeigte er dann der Welt, dass er einer der größten und berühmtesten Blitzkriegstaktiker des Zweiten Weltkriegs war.

Als erste Einheit von Rommels Division stieß eine Kradeinheit bei Dinant zur Maas. Weiter flussaufwärts versuchte sie, den Fluss zu überqueren, geriet aber unter heftigen Beschuss durch die Franzosen. In der Nacht gelang es der mit MG 34 bewaffneten Kradeinheit, ans andere Ufer zu gelangen und das französische Infanterieregiment aus seinen schwachen Stellungen am Westufer zu vertreiben. Damit hatten die ersten Deutschen die Maas überschritten. In einigen Gebieten, wo die Franzosen den Fluss nicht als Verteidigungslinie nutzen konnten, mussten sie sich langsam zurückziehen. Die Knappheit an Panzerabwehrkanonen und Panzern erschwerte den Ausbau ihrer Stellungen, besonders wenn deutsche Panzer und Artillerieunterstützung über die Maas beordert wurden.

Bei Tagesanbruch am 14. Mai wurden Pontonbrücken errichtet. Darüber hinaus begann man, Panzer und Infanterie mit Seilfähren ans andere Ufer zu transportieren, und sogar Schlauchboote wurden eingesetzt. An einigen Maasabschnitten trafen die Deutschen auf beherzten Widerstand, der wurde jedoch entweder gebrochen oder umgangen. Die Überque-

Oben: Eine einfache Methode, die Staus auf den verstopften Straßen durch Belgien und Frankreich zu umgehen: Gleich hinter der Grenze werden französische Kriegsgefangene auf den Bahngleisen abgeführt, 21. Mai 1940. Angeführt wird diese Kolonne entmutigter französischer Soldaten scheinbar von ihren kommandierenden Offizieren.

DIE STRASSE NACH DÜNKIRCHEN

Oben: Ein von den Deutschen in Nordfrankreich in Dienst gestelltes französisches Zugfahrzeug, vermutlich ein Renault/AMX UE. Dieses Fahrzeug wurde üblicherweise von einer Zwei-Mann-Besatzung gefahren und war mit einer großen Ladefläche am Heck ausgerüstet. Sie bewährten sich im Frankreichfeldzug und wurden aufgrund ihrer hervorragenden Geländegängigkeit bald zu Hunderten in die deutsche Wehrmacht eingegliedert. Ein Jahr später, 1941, erhielten sie die Bezeichnung UE 630(f) und kamen in großer Zahl an der Ostfront in Russland für verschiedenste Zwecke zum Einsatz.

Unten: Französische Soldaten werden nach ihrer Gefangennahme durch General Heinz Guderians Panzerkorps an einer Gruppe von Soldaten eines deutschen Artillerieregiments vorbeigeführt. Am 21. Mai 1940 rückte Guderian, nachdem seine Panzer einen Brückenkopf an der Somme gesichert hatten, auf Boulogne und Calais vor. Diese Gefangenen gehören vermutlich zur französischen 3. Armeegruppe an der Somme, die mit der 6. und 7. Armee versuchte, eine neue Front zu errichten. General Besson, Kommandeur der französischen 3. Armee, musste gegen die mächtigen Panzerdivisionen antreten.

BLITZKRIEG

Oben: Zerstörte französische Häuser nach den Angriffen der deutschen Panzerspitzen. Bis zum 21. Mai hatte die deutsche Panzertruppe bewiesen, dass sie die feindlichen Linien mit Leichtigkeit durchbrechen konnte. Stützpunkte wurden umgangen und der Gegner so lange in Schach gehalten, bis die eigenen Verbindungswege wieder hergestellt waren. Für die Verteidiger wichtiger Frontabschnitte verschlechterte sich die Lage allmählich und die Zahl ihrer Opfer schnellte in die Höhe.

rung der Maas ermöglichte den Panzerdivisionen der Heeresgruppe A, mit voller Wucht nach Norden Richtung Kanalküste vorzustoßen und große Verwüstungen bei den Resten der britisch-französischen Streitkräfte anzurichten. Der Sieg war nun schon in Reichweite. Das war der Beginn des »Falls Rot«, der Schlacht um Frankreich.

Panzer rollen in Frankreich ein

Am 18. Mai überquerte General Heinz Guderians Aufklärungseinheit die Somme und nahm Péronne ein. Panzer strömten nach Frankreich und tankten sogar bei öffentlichen Tankstellen auf, als der Nachschub unterbrochen war. Scharen französischer Soldaten, die noch nicht oder schon verwundet worden waren, wurden zur Kapitulation »überredet«. Die Deutschen brauchten nur Befehle von den Türmen der vorbeifahrenden Panzer hinunter zu schreien, und die französischen Soldaten ergaben sich. Einmal, als mehrere französische Panzer erbeutet wurden, gliederte sie Rommel in seine eigene Kolonne ein, und zwar mit ihren französischen Fahrern. Doch nicht alle waren bereit, aufzugeben. In Gebieten im Norden des Landes wurde heftiger Widerstand geleistet, bis die französische 1. Armee und die britischen Expeditionskräfte schließlich zwischen Nordsee und den vorstoßenden Panzern eingekeilt waren.

Am 20. Mai war für die ersten Panzer der Kanal in Sicht, nachdem sie an der Somme gegen heftigen Widerstand von der britischen 12. und 23. Territorial Division nach Norden gestürmt waren. In weniger als elf Tagen waren Guderian und seine Truppe 644 km vorgestoßen und hatten das geschafft, was den deutschen Streitkräften in den vier Jahren des Ersten Weltkriegs nicht gelungen war. Es schien, als könnte nichts auf der Welt diese Stampede militärischer Macht davon abhalten, die britisch-französischen Truppen, die an die Kanalküste gedrängt wurden, zu zermalmen.

Während jedoch Guderian Pläne vorlegte, seine 10. Panzerdivision zum Kanalhafen Dünkirchen vorstoßen zu lassen, wo man eine beträchtliche Zahl isolierter feindlicher Truppen vermutete, zog General Kleist Guderians 10. Panzerdivision ab und gab ihr stattdessen den Befehl, mit der 2. Panzerdivision Boulogne einzunehmen. Seine 1. Panzerdivision sollte Calais angreifen. Bei Einbruch der Nacht am 22. Mai erreichte Guderians 2. Panzerdivision nach einem Vorstoß über mehr als

94

DIE STRASSE NACH DÜNKIRCHEN

Rechts: Vier deutsche Soldaten führen einen verängstigten französischen Infanteristen durch ein nordfranzösisches Dorf. Die französische Armee war stark im Nachteil, als die Deutschen in Frankreich einrollten. Sie wurde von hochrangigen Offizieren geführt, die zwar erfahrene Veteranen aus dem Ersten Weltkrieg waren, aber eher dazu tendierten, den letzten Krieg noch einmal zu kämpfen als ihre Taktiken dem zur Verfügung stehenden neuen Kriegsmaterial anzupassen. Daher waren die Deutschen in der Lage, ihre modernen Blitzkriegstaktiken erfolgreich anzuwenden, große Feindtruppen zu überflügeln oder auf ihrem Vorstoß einzuschließen.

64 km die Vororte von Boulogne. Als deutsche Truppen und Panzer sich heranarbeiteten, um den Hafen einzunehmen, flüchteten von panischem Schrecken ergriffene britische Soldaten ins Meer, in einem dramatischen Versuch, mit einem Boot nach England zu entkommen. Weiter oben an der Küste sah die Situation für die Soldaten des britischen Expeditionskorps ebenso schlimm und düster aus. Die Tapferkeit der britischen 30. Brigade bei der Verteidigung des Hafens war laut den deutschen Angreifern nur mehr ein sinnloses Opfer.

Dünkirchen

Als sich die Katastrophe für die gesamten britisch-französischen Armeen in Frankreich schon abzeichnete, wurde den Briten klar, dass ihre Hoffnung ausschließlich bei Dünkirchen und seinen Stränden lag. Tagelang zogen Tausende erschöpfter und ausgebrannter Soldaten mit den unterschiedlichsten Gefährten, von Panzerwagen bis Sanitätswagen, durch Dünkirchen zum Strand hinunter. In Dünkirchen waren die Beziehungen zwischen den Alliierten schon angespannt. Die Briten machten sich vor allem Sorgen um die Evakuierung, die Franzosen betrachteten den Hafen dagegen als Festung, als Stützpunkt für einen Gegenangriff, der den deutschen Vorstoß in Frankreich irgendwie zum Stehen bringen würde.

In der zerbombten Stadt füllte eine aufgewühlte Masse mutloser Männer mit Pferden und Kanonen die Straßen, die zum Strand führten. Ihr Rückzug zum sandigen Ufer der Kanalküste war ein einziger Albtraum gewesen. Viele von ihnen hatten das Glück, sich aus der Umklammerung des deutschen Vorstoßes gerettet zu haben. Benommen und durcheinander, drängten sich die Soldaten auf dem Strand zusammen in der Hoffnung, dass jeden Moment mit der Rettung von See her begonnen würde. Während die britischen Expeditionstruppen auf die Verschiffung warteten, erreichte Guderians 1. Panzerdivision, die auf Dünkirchen zuraste, den Aa-Kanal zwischen Holque und der Küste und errichtete Brückenköpfe.

Am 24. Mai, als nur mehr ein paar Kilometer bis Dünkirchen fehlten, erhielt Guderian plötzlich einen überraschenden Befehl von Hitler. Er sollte die Operationen Richtung Dünkirchen anhalten, die Panzer sollten westlich der Kanallinie Aufstellung beziehen. Die Luftwaffe erhielt die Aufgabe, den Widerstand des eingeschlossenen Gegners zu brechen und ein Entkommen über den Kanal zu verhindern. Der vor Dünkirchen stehende Guderian und andere Kommandeure waren verwirrt und konnten sich nur schwer mit diesem Haltebefehl abfinden.

Zwar herrschte im deutschen Oberkommando Unsicherheit hinsichtlich eines Panzereinsatzes in den Ebenen Flanderns, die Hitler aus dem Ersten Weltkrieg als für Panzer ungeeignet in Erinnerung hatte, aber es gab auch politische Beweggründe. Feldmarschall von Manstein zufolge hatte Hitler einen Kompromissfrieden mit den Briten angestrebt, was nicht möglich wäre, wenn er ihre Armee vernichtete. Der Feldmarschall lieferte auch noch zwei andere Erklärungen für den Haltebefehl. Erstens wollte der Führer unbedingt seine Panzer für die bevorstehenden Kämpfe in Mittelfrankreich schonen, und zweitens wollte er Göring mit seiner Luftwaffe einmal zum Zug kommen lassen, um einen Sieg für seine Fliegertruppen zu erringen.

Während also die Panzer vor Dünkirchen hielten, fuhren Hunderte Schiffe über die unruhigen Kanalgewässer, um mehr als 300.000 Mann zu evakuieren. Trotz schwerer, manchmal anhaltender Luftangriffe verließen die Soldaten den zerbombten Strand mit Booten. Am 4. Juni brach schließlich die Linie des dünnen Verteidigungsstreifens von Dünkirchen, und noch während die letzten Soldaten mühsam an Bord eines übervollen Schiffes kletterten, hörte man bereits das Knattern der gegnerischen Maschinengewehre in den Straßen der Stadt. Als die Briten mehr oder weniger besiegt waren, gab Hitler voller Selbstvertrauen den Befehl, das Gros seiner Truppen solle in raschem Tempo nach Paris vorrücken und die Stadt einnehmen.

Oben: Nach der Einnahme der französischen Stadt Abbéville sammeln sich deutsche Infanteristen auf der Straße. Diese Soldaten gehören höchstwahrscheinlich der 2. Panzerdivision an, denn sie erhielt die Aufgabe, die britischen Linien zu durchschneiden und bei Abbéville zur Küste zu stoßen, wodurch sich der Kreis um die 1. Armeegruppe und die britischen Expeditionskräfte schloss. Drei der Soldaten sind mit M98-Gewehren bewaffnet und tragen die typische Grundausrüstung eines deutschen Soldaten, darunter der Stahlhelm M1935, Gasmaskenbüchse, Patronentasche und Schanzzeug. Einer der Soldaten ist mit einer Maschinenpistole MP 38 bewaffnet. Diese Waffe war unter den Soldaten als »Erma« und nicht als »Schmeisser« bekannt, wie gerne behauptet wird. Sie wog 4,1 kg und feuerte ein 32-Schuss-Kastenmagazin mit einer Feuergeschwindigkeit von 500 Schuss pro Minute. Ihre Mündungsgeschwindigkeit betrug 390 m/s.

Oben: Weitere französische und koloniale Soldaten werden in die Gefangenenlager im Hinterland gebracht. Die französischen Kriegsgefangenen wurden von den Deutschen human behandelt, die Soldaten aus den Kolonien hatten da weniger Glück. Wenn sich Kolonialsoldaten ergaben, wurden sie manchmal von deutschen Soldaten erniedrigt und misshandelt dafür, dass sie so fanatisch Widerstand geleistet hatten. Einheiten der Waffen-SS wie die Totenkopfverbände gingen oft ganz anders vor, sie machten meist keine Gefangenen, sondern trieben die nordafrikanischen Soldaten zusammen und nahmen an Ort und Stelle eine Massenerschießung vor.

Oben: Ein provisorisches Auffanglager für Kriegsgefangene aus den Kolonien, wahrscheinlich auf einem Feld in Nordfrankreich. Diese Soldaten, von denen die meisten aus Algerien und Marokko stammten, erhielten französische Uniformen. Sie waren meist schlecht ausgebildet und mangelhaft ausgerüstet und hatten gegen ihren überlegenen Gegner keine Chance. Viele der erschöpften und ausgehungerten Soldaten verbrachten den Rest des Krieges in Arbeitslagern, andere wurden wiederum in die Wehrmacht eingegliedert und nahmen an den Kämpfen an der Ostfront und in Nordafrika teil, wo sie an der Seite von General Erwin Rommels Afrikakorps kämpften.

BLITZKRIEG

Oben: Eine Gruppe deutscher Soldaten in einem Feld über einem Dorf unweit der Kanalküste. Dem Zustand der Gebäude nach zu urteilen, gab es hier heftige Luftangriffe. Wahrscheinlich haben sich die alliierten Truppen durch das Dorf in Richtung Küste zurückgezogen und sind unter schweren Beschuss geraten. Viele Dörfer und Städte, vor allem im Küstenbereich, wurden Opfer einer Reihe schwerer Bombardierungen aus der Luft.

Unten: Gegen Ende des Krieges werden französische Kriegsgefangene ins rückwärtige Gebiet geführt. Diese Soldaten haben eine sinnlose und verlustreiche Zermürbungsschlacht im Raum Arras gegen eine überlegene feindliche Übermacht geführt. Am 23. Mai 1940 schloss die 11. Schützenbrigade die Stadt Arras ein. Es wurden zahlreiche Gefangene gemacht, wodurch der Rest der Verteidiger, darunter die britische »Petreforce«, zum Rückzug hinter den Kanal Bethune-La Bassée gezwungen war.

DIE STRASSE NACH DÜNKIRCHEN

Oben: Hier wurden deutsche und französische Soldaten auf demselben Friedhof in Nordfrankreich zur letzten Ruhe gebettet. Der Franzose, dessen Grab in der Bildmitte zu sehen ist, ist Sergeant Charles Chomont, das Grab im Vordergrund gehört einem deutschen Soldaten namens Ferdinand Weger. Es war üblich, besonders in der Wehrmacht, die Gefallen zu begraben und den Stahlhelm als Zeichen des Respekts oben auf dem Kreuz zu lassen.

BLITZKRIEG

Oben: Deutsche Soldaten eines unbekannten Regiments erweisen ihren Gefallenen während eines Militärbegräbnisses am 23. Mai 1940 in Nordfrankreich die letzte Ehre. Obwohl die Verluste im Westen viel geringer als erwartet waren, waren diese Beisetzungen eine sehr traurige Angelegenheit für die Soldaten, die daran teilnehmen mussten. Besonders schwer war es für jene, die Kameraden an der Front verloren hatten.

Links: Bei vielen Bestattungen wurden große Gräben für die Gefallenen ausgehoben, wie in diesem Bild zu sehen ist. Die Leichen der Soldaten wurden dann einzeln nebeneinander zur Ruhe gebettet, in einem langen, 1,8 oder 2,1 m tiefen Graben. Dann wurden sie mit Erde bedeckt, bevor am Kopfende jedes Gefallenen ein Kreuz platziert wurde. Diese Art von Begräbnis war auch in anderen Ländern üblich, wie zum Beispiel bei französischen und britischen Soldaten. Offiziere und andere hochrangige Soldaten wurden jedoch üblicherweise in Einzelgräbern bestattet.

Oben: Eine Kradeinheit und Infanterie auf Fahrrädern, vermutlich Teil einer motorisierten Aufklärungseinheit, überholen gerade einen Lastwagen, aus dem Nachschub ausgeladen wird. Die Kradfahrer, die alle Mauser-Gewehre umgehängt haben, haben ihre Ausrüstung hinten in den Gepäcktaschen verstaut. Dazu gehörten die aufgerollte Zeltbahn, die typische Ausrüstung eines Infanteristen, sowie Ersatzteile fürs Krad. Sie tragen einen gummierten wasserdichten Kradmantel, der 1940 in Dunkelblau/Grün hergestellt wurde.

Rechts: Zwei Offiziere in einem Kommandoposten gehen noch einmal die Pläne für die nächste Operationsphase gegen die zurückweichenden britisch-französischen Kräfte durch. Die Karten sind auf dem Tisch ausgebreitet, damit die Entwicklungen in Nordfrankreich ständig im Auge behalten werden können. Zu sehen ist auch ein Feldtelefon, ein wichtiges Verbindungsmittel zu anderen Kommandostellen und der Front. Zu diesem Zeitpunkt setzten die Kommandeure massierte Feuerkraft und Panzer ein, um sich einen Weg durch die immer dünner besetzten feindlichen Verteidigungslinien zu kämpfen.

Oben: Vor den Augen französischer und britischer Soldaten zieht ein Artillerieregiment durch ein französisches Dorf. Dieses Foto wurde am 20. Mai 1940 südlich von Boulogne aufgenommen. Das Regiment könnte zur 2. Panzerdivision gehören, die den Befehl hatte, bis an den Rand von Boulogne vorzustoßen und die Stadt vom britischen Kommandeur, Brigadier William Fox-Pitt, zu übernehmen. Fox-Pitt hatte den Befehl, die Stadt bis zum letzten Mann und bis zur letzten Patrone zu verteidigen. Während er in aller Eile eine Verteidigung in den Hügeln um den Hafen aufstellte, wurden britische Soldaten unter einem Sturm aus schwerem Feuer mit britischen Kriegsschiffen evakuiert.

Rechts: 19. Mai 1940 – ein Krad mit Seitenwagen fährt an den Verwüstungen der Schlacht vorbei. Die Straßen wurden von den französischen und britischen Fahrzeugen geräumt, um einen Stau zu vermeiden. Kilometerweit lagen zerstörte und ausgebrannte Fahrzeuge auf den Straßen in Belgien und Frankreich, mit denen noch verzweifelt versucht wurde, die Küste zu erreichen. Sie waren den Panzern und der Luftwaffe nahezu schutzlos ausgeliefert: Die gepanzerte Macht von Hitlers Divisionen nahm 80 km von der Kanalküste Aufstellung und bereitete sich auf den letzten Angriff vor.

Oben: Diese Aufnahme vom 24. Mai 1940 zeigt gefangene Soldaten, die auf ihren Abtransport in eilends errichtete Kriegsgefangenenlager im Hinterland warten. An diesem Tag gab Hitler seine Führerweisung Nr. 13 heraus, in der er seine strategischen Absichten für die bevorstehenden Tage bekannt gab. Das nächste Ziel der Operationen war die Vernichtung der englischen, französischen und belgischen Truppen, die in Artois und Flandern eingeschlossen waren, durch einen konzentrischen Angriff der deutschen Nordflanke und einem schnellen Vorstoß zur Kanalküste in diesem Gebiet. Die Luftwaffe sollte jeden Widerstand der eingeschlossenen Kräfte brechen, um ein Entkommen der englischen Kräfte über den Kanal zu verhindern und die Südflanke der Heeresgruppe A zu sichern.

Rechts: Weitere Soldaten aus Frankreich und den Kolonien werden in die Kriegsgefangenenlager im rückwärtigen Gebiet gebracht. Fast 400.000 koloniale Soldaten gehörten 1940 der französischen Armee an. Obwohl sie schlecht ausgebildet und ausgerüstet waren, kämpften sie in Südfrankreich gegen italienische Kräfte und im Norden des Landes gegen einige der besten Einheiten der Wehrmacht. Im Gegensatz zu den französischen, britischen oder belgischen Kriegsgefangenen wurden sie von den Deutschen jedoch als Menschen zweiter Klasse angesehen und mitunter auf brutale Art und Weise behandelt, manchmal sogar hingerichtet.

Oben: Auf dem Foto eine 10,5-cm-Haubitze sFH 18 beim Feuern auf feindliche Stellungen südlich von Boulogne am 23. Mai 1940. Die Haubitze hatte ein Gewicht von 1985 kg in Feuerstellung und feuerte eine 14,81 kg schwere Granate bis zu einer maximalen Reichweite von 10.675 m. Sie wurde in den 1920er-Jahren entwickelt und bewährte sich zum ersten Mal 1935 als Waffe in der neuen Wehrmacht.

Oben: Ein seltener Anblick: Ein Kradfahrer wird offenbar wegen eines mechanischen Schadens von einem Fahrzeug abgeschleppt. Die BMW R35 war eigentlich ein sehr zuverlässiges Kraftrad und wurde 1940 in der Wehrmacht in großer Zahl eingesetzt. Für den Westfeldzug wurde ein ganzes Bataillon einer Schützenbrigade einer Panzerdivision mit BMW R35 ausgerüstet. Auf diesen Krädern fuhren die Soldaten in die Schlacht und stiegen zum Kämpfen ab, so wie es in früheren Jahrhunderten die Dragoner mit ihren Pferden getan hatten.

Oben: In Nordfrankreich räumen deutsche Soldaten einen Lastwagen von der Straße, der wahrscheinlich einen ziemlichen Verkehrsstau bewirken würde. Verlassene oder beschädigte Lastwagen, die von den Alliierten nach den Stuka-Angriffen zurückgelassen wurden, hielten sowohl die Alliierten auf ihrem Rückzug als auch die deutschen Verfolger auf. Jedes Fahrzeug, das nicht mehr von selbst fahren konnte, wurde rücksichtslos von der Straße geschoben, um den Schwung des Vormarsches beizubehalten. Die Männer tragen die typische Ausrüstung des Wehrmachtsoldaten. Besonders interessant an diesem Bild sind die Patronentaschen sowie das übliche Koppeltragegestell aus Leder.

Oben: Soldaten der 7. Panzerdivision stoßen auf einen liegen gebliebenen französischen »Hotchkiss H-39«-Panzer irgendwo in Nordfrankreich. Als der Rückzug entlang der Kanalküste an Schwung gewann, fielen immer mehr alliierte Fahrzeuge dem Ansturm der deutschen Panzerspitzen zum Opfer. General Erwin Rommel, Kommandeur der 7. Panzerdivision, schrieb in seinem Tagebuch, dass er nach der Erbeutung mehrerer französischer Panzer diese in seine Kolonne integrierte, und zwar mit den französischen Fahrern. Den Offizieren ging es, so schrieb er, eher darum, ihre Offiziersburschen behalten zu dürfen.

Unten: Dieses Foto wurde von einem Soldaten der 2. Panzerdivision aufgenommen, vermutlich während des Vorstoßes auf Boulogne, da es mit 22. Mai 1940 datiert ist. Der Pferdewagen ist anscheinend aus der Luft direkt unter Beschuss genommen worden, als der Fahrer versuchte, die offene Straße zu verlassen, um der Bedrohung zu entgehen. Pferde und der mit Kugeln durchlöcherte französische Soldat, der noch verzweifelt versuchte, sich aus dem Wagen zu retten, liegen nebeneinander im Feld. Szenen wie diese wurden während dieser Phase des Feldzugs immer häufiger, als Hermann Göring seine Luftangriffe auf die Kanalküste steigerte.

Oben: Die Besatzung eines tschechischen Beutepanzers PzKpfw 35(t) bei Reparaturen an der Hauptbewaffnung. Mit der Eroberung der Tschechoslowakei im März 1939 gewann die Wehrmacht zahlreiche wertvolle Ressourcen, und rund ein Drittel der im Mai 1940 zur Verfügung stehenden Panzerstärke stammte aus tschechischen Fabriken. Etwa 140 PzKpfw 35(t) standen bei den Panzerdivisionen im Einsatz. Das »t« steht für *tschechoslowakisch*. Dieses Foto ist eine gute Aufnahme des Turms mit vier Winkelspiegeln und dem runden einteiligen Lukendeckel. Turm und Wanne bestehen aus genieteten Platten.

Oben: Infanteristen führen einen französischen Soldaten, der eine Fahnenstange hält, in die Gefangenschaft. Dass er seine Fahne behalten durfte, ist eine humane Geste der Deutschen. Der Soldat vorne mit geschultertem Mauser-Gewehr trägt einen Tornister mit Fellbezug. Selbst 1940 sah man in der Wehrmacht noch Männer mit diesen alten mit Fellbezug versehenen Tornistern mit zusammengerollter Decke.

Rechts: Zwei Offiziere posieren vor einem abgeschossenen PzKpfw 35(t). Er hat scheinbar einen Volltreffer abbekommen und Feuer gefangen. Das Fahrzeug war mit zwei 7,92-mm-Maschinengewehren mit Magazingurt und Luftkühlung bestückt. Die Hauptbewaffnung war eine adaptierte Skoda A3-3,7-cm-Panzerabwehrkanone mit einer einfachen Mündungsbremse. Die Kanone feuerte panzerbrechende Munition mit einer Mündungsgeschwindigkeit von 675 m/s, die leicht in der Lage war, eine 30-mm-Panzerung auf einer Entfernung von 550 m zu durchschlagen. Der Panzer war bei den Besatzungen im Jahre 1940 sehr beliebt und wurde von den Angehörigen der 6. Panzerdivision häufig eingesetzt.

DIE STRASSE NACH DÜNKIRCHEN

Links: Ein veralteter Renault FT aus dem Ersten Weltkrieg, von dem immer noch 1500 in Dienst standen, wird von zwei deutschen Soldaten inspiziert. Diesem Fahrzeug ist wahrscheinlich der Treibstoff ausgegangen und es wurde von der Besatzung zurückgelassen. Der Renault FT konnte es zwar mit dem PzKpfw I aufnehmen, seine Feuerkraft und mangelhafte Manövrierfähigkeit machten ihn aber gegenüber großen Panzern verwundbar. Im Gegensatz zu den Deutschen setzten die Alliierten nicht so viel Vertrauen in Panzer und Flugzeuge, ja nicht einmal in Panzer- und Fliegerabwehrkanonen. Während Franzosen und Briten an veralteten Taktiken festhielten, setzten ihre Gegner die Blitzkriegstheorie in die Praxis um.

Oben: Ein »Hotchkiss H-39«-Panzer wurde außer Gefecht gesetzt, als er über das Gelände entkommen wollte. Der Hotchkiss ist mit einer altmodischen 3,7-cm-Kanone ausgerüstet, eine Waffe mit geringer Mündungsgeschwindigkeit, die gegen die deutschen Panzer ziemlich wirkungslos war. Es gab aber noch eine Reihe anderer Faktoren, weshalb die französischen Panzer im Einsatz gegen die feindlichen Panzer nicht sehr erfolgreich waren. Dem Großteil der auf französischer Seite im Einsatz stehenden Panzer fehlte es an Funkausrüstung. Zudem waren, und das war vielleicht noch ausschlaggebender, ihre Besatzungen mangelhaft ausgebildet und die Panzer wurden nur in kleinen Zahlen eingesetzt, anstatt sie zu einer großen Einheit zusammenzufassen.

109

Oben: Zivilisten kommen auf der Flucht vor dem deutschen Panzerangriff durch ein Dorf. Auf dem deutschen Vormarsch wurden Tausende von Zivilisten in den Niederlanden und Nordfrankreich aus ihren Häusern vertrieben. Weil sie ausgebombt wurden oder Angst davor hatten, dem Feind in die Hände zu fallen, packten viele ihre Habseligkeiten zusammen und machten sich auf in Richtung Westen oder Süden. Bei diesen Flüchtlingsmassen kam es auf vielen Straßen zu größeren Verkehrsstaus, was nicht nur die Angreifer behinderte, sondern auch für die belgischen, französischen und britischen Kräfte die Verteidigung und den Rückzug erschwerte.

Unten: Nach der Evakuierung der britischen Expeditionsstreitkräfte Ende Mai und Anfang Juni 1940 waren die Strände bei Dünkirchen meilenweit mit zerstörten britischen Fahrzeugen übersät. Als sich für die britisch-französischen Truppen in Frankreich die Katastrophe schon abzeichnete, wurde den Briten klar, dass ihre Hoffnungen einzig und allein bei der Evakuierung von Dünkirchen und seinen Stränden lagen. Tagelang zogen Tausende erschöpfter und abgekämpfter Soldaten mit den unterschiedlichsten Fahrzeugen – vom Panzer bis zum Sanitätsfahrzeug – durch Dünkirchen und weiter zum Strand. Diese Fahrzeuge wurden ziemlich sicher während der anhaltenden Luftangriffe zerstört.

DIE STRASSE NACH DÜNKIRCHEN

Unten: Interessiert beobachtet ein Kradaufklärertrupp etwas außerhalb von Dünkirchen nach Tagen erbitterter Kämpfe, wie in der Stadt französische Gefangene abgeführt werden. Zwischen Franzosen und Briten war es während der Truppenevakuierung von Dünkirchen zu ernsthaften Spannungen gekommen. Die Briten machten sich vor allem Sorgen um die Evakuierung, die Franzosen betrachteten den Hafen dagegen als Festung, als Stützpunkt für einen Gegenangriff, der den deutschen Vorstoß in Frankreich irgendwie zum Stehen bringen würde.

BLITZKRIEG

DIE STRASSE NACH DÜNKIRCHEN

Links: Ein Unteroffizier (Spieß) mit einer Felduniform M1936 der Wehrmacht erstattet seinem kommandierenden Offizier in der trümmerübersäten Stadt Dünkirchen nach ihrer Einnahme Meldung. Auf dieser Straße quoll eine Masse geschlagener Truppen mit ihren Pferden und Geschützen zum Strand hinunter. Tausende Franzosen, Belgier und Briten drängten sich in dem immer schmäler werdenden Verteidigungsstreifen in und um die Stadt, in der Hoffnung, jeden Moment würde die Rettung vom Meer kommen.

Oben: Ein britisches Grab als düsteres Mahnmal für die Leiden an den Stränden von Dünkirchen. Als die Schiffe ausliefen, um die Truppen zu evakuieren, warteten die Zurückgelassenen vergeblich. Viele Soldaten mussten unter den Angriffen der Luftwaffe Schreckliches erleiden. Zum Schutz gegen den Beschuss und die Bomben gruben einige Männer tiefe Deckungslöcher in den Strand. Andere ergriffen merkwürdige Methoden, um dem Tod zu entgehen. Während der Luftangriffe sah man einige über eine Stunde lang mit dem Gesicht nach unten liegen, in der Hoffnung, die feindlichen Flieger würden sie für tot halten.

BLITZKRIEG

Oben: Anfang Juni 1940. Zerstörte Boote vor Dünkirchen nach der Einnahme der Stadt und des Hafens. Während des Gefechts wurden im brennenden Hafen auch zwei französische Schiffe, ein Frachter und ein Transportschiff, von Ju 87-Stukas beschossen und versenkt. In der Nacht erhellten die Deutschen mit Leuchtfeuer den Himmel, damit sie den Strand und Hafen weiter mit Artillerie und Fliegern unter Beschuss nehmen konnten.

Oben: Noch mehr versenkte Schiffe im Hafen von Dünkirchen. Die Luftwaffe griff alles an, das auf dem Wasser schwamm. Anfang Juni 1940 wurde die Evakuierung schnell vorangetrieben, nacheinander fuhren Boote in allen Formen und Größen herein, schlängelten sich durch die Wracks im Wasser und kamen voll beladen mit Männern wieder zurück. Auf größeren Schiffen, übervoll mit Männern, wurden meist die Schotten offen gelassen, um die Kapazität zu erhöhen, doch die kopflastigen Boote kippten. Bald tauchten aus dem Wasser überall Tote auf, und durch diese dahintreibenden Leichen schwammen die Überlebenden um ihr Leben. Insgesamt sanken rund 240 Boote, doch über 330.000 Mann – darunter ein Drittel der französischen Armee – wurden übers Meer gerettet. Das so genannte »Wunder von Dünkirchen« war zum Teil jedoch Hitlers Haltebefehl zu verdanken, der nicht wollte, dass seine Armeen den Kessel zerschlugen.

DIE STRASSE NACH DÜNKIRCHEN

Oben: Eines der vielen Schiffe, die es nicht mehr über die Kanalgewässer zur Südküste Englands zurück schafften. Dem Ausmaß des Schadens nach zu urteilen, hat das Schiff ein paar Volltreffer abbekommen, vermutlich von einem Ju 87-Stuka. Unter den wohl entsetzlichsten Bedingungen fuhren zwei Wochen lang alle Wasserfahrzeuge, die in der Lage waren, den Ärmelkanal zu überqueren, in Dünkirchen ein, um die am Strand wartenden alliierten Soldaten zu retten. Wenn ihre Schiffe der Versenkung entgingen, sahen die Besatzungen mit eigenen Augen die schreckliche Realität einer Niederlage.

KAPITEL 5

DAS ENDE NAHT

Der Fall Frankreichs

Die Deutschen hatten zwar Dünkirchen und andere Kanalhäfen eingenommen, aber die Kämpfe waren in Frankreich damit noch nicht zu Ende. Jetzt mussten sie sich noch in den Süden vorkämpfen, das Ende war für die Reste der französischen Armee aber unabwendbar. Bis zu dieser Kriegsphase waren 61 französische Divisionen vernichtet worden, und es blieben nur mehr 49 Divisionen, um sich einem erneuten feindlichen Ansturm entgegenzustellen.

Links: 6. Juni 1940. Ein Kradfahrer beobachtet, wie nach der geglückten Einnahme von Dünkirchen im Anschluss an die Evakuierung der alliierten Truppen Pferdewagen ins Stadtgebiet einfahren.
Gegenüber: Generalfeldmarschall Hermann Göring nimmt aus seinem Mercedes die Parade ab. Das war ein stolzer Augenblick für die Luftwaffe, an dem Göring bis zu seinem Tod sechs Jahre später festhielt.

Die erste Phase der Schlacht war abgeschlossen, nun begann die zweite Phase der Westoffensive. Diese Operation, die den Decknamen »Fall Rot« trug und auch als »Schlacht um Frankreich« in die Geschichte einging, wurde am 5. Juni 1940 gestartet. Für den Eröffnungsschlag waren die Divisionen der Panzergruppen vorgesehen, die auf der gesamten Linie erfolgreiche Durchbruchsversuche starteten. Am 10. Juni erhielt dann Rundstedts Heeresgruppe A die Aufgabe, südwärts Richtung Rhônetal und Alpen vorzustoßen und die französischen Armeen im Osten abzuschneiden, während die Heeresgruppe C mit ihren Kräften vorpreschen und vernichten sollte, was vom Gegner noch übrig war. Hier im Nordosten Frankreichs sollten die Deutschen laut Befehl den endgültigen Zusammenbruch der Maginotlinie herbeiführen und den versuchten Rückzug der feindlichen Truppen in den Südwesten verhindern. Darüber hinaus sollten die deutschen Kräfte den Gegner auch an einem Rückzug aus dem Gebiet um Paris hindern und am unteren Seinelauf eine neue Front errichten.

Paris und weiter
Am frühen Abend des 14. Juni 1940 marschierten als erste Soldaten der Wehrmacht die Männer der 9. Infanteriedivision in Paris ein. In nur einer Stunde hatten sie das Stadtzentrum erreicht. Die deutschen Soldaten hatten bei ihrer Ankunft eine leere Stadt vorgefunden. Nur 700.000 der fünf Millionen Einwohner waren geblieben. Die anderen hatten die Stadt Richtung Süden verlassen, in einem verzweifelten, jedoch vergeblichen Versuch, der Umklammerung des deutschen Angriffs zu entkommen. Die französische Regierung war jedoch schon früher von Paris nach Tours übersiedelt. Nun zog sie wieder weiter, diesmal nach Bordeaux.

Auf dem Schlachtfeld südlich von Paris ging die französische Armee trotz ihrer Tapferkeit ihrem Ende entgegen. Sie hatte nicht die volle Stärke und war angesichts des fehlenden Nachschubs und praktischen Zusammenbruchs der Verbindungswege nicht mehr in der Lage, die Kriegsanstrengungen noch länger aufrechtzuerhalten. Die deutsche Luftherrschaft und die enge Kooperation zwischen Fliegerkräften und Bodentruppen führten zusammen mit den tiefen Vorstößen der mechanisierten Einheiten zu anhaltenden Erfolgen an allen Fronten.

Für den schnellen Vormarsch Richtung Süden ließ das deutsche Oberkommando zwei Panzergruppen (von Kleist und Guderian) nebeneinander beiderseits von Reims nach Süden donnern. Diese beiden starken Panzergruppen versetzten den zurückweichenden Feindformationen einen massiven Schlag. Am 15. Juni meldeten vorgeschobene Einheiten von Guderians Panzergruppe, Bar-sur-Aube und Gray-sur-Saône erreicht zu haben, die Panzer der Gruppe Kleist waren nach Saint-Florentin und Tonnerre hineingestoßen. Zwei Tage später erreichte der rechte Flügel von Guderians XXXIX. Armeekorps die Schweizer Grenze und unter den Mannschaften und ihren Kommandanten brach Begeisterung aus. Guderian war über diesen Erfolg so erfreut, dass er sich persönlich auf den Weg

117

machte, um seinen tapferen Truppen zu ihrem raschen Vormarschtempo und ihrer großartigen Leistung zu gratulieren.

Mit dem Erreichen der Schweizer Grenze schlossen die deutschen Kräfte den Ring um die restlichen französischen Truppen, die sich nun verzweifelt aus Elsaß und Lothringen zurückzogen. Guderian konnte nach Nordosten vorstoßen und die Befestigungen der Maginotlinie mit seinen starken Panzergruppen aus dem Rücken angreifen und durchbrechen. Dieses massive und undurchdringliche Befestigungssystem, das sich von Basel an der Schweizer Grenze bis nach Luxemburg erstreckte, war gegen einen Angriff aus dem Rücken praktisch nicht gewappnet. Trotz entschlossenem Widerstand der Franzosen wurde die Maginotlinie mit ihren Panzersperren, gut ausgebauten Bunkern und schwer bewaffneten Festungswerken bald überrannt und nach erbitterten Kämpfen eingenommen.

Die geografische Beschaffenheit Frankreichs, dem es an natürlichen Hindernissen und engen Tälern mangelte, eignete sich hervorragend für einen Angriff, insbesondere mit Panzerdivisionen. Der kühne deutsche Vorstoß nach Frankreich war so erfolgreich, weil er gegen eine Armee geführt wurde, die das eigentliche Konzept des modernen Blitzkriegs nicht verstand.

In den Tagen vor der endgültigen Kapitulation der französischen Armee setzten die Deutschen ihren Vorstoß weiter fort und spalteten die eingeschlossenen Feindkräfte in kleine Kessel von rund 30.000 Mann auf, die dann die Wahl zwischen Aufgabe oder der völligen Vernichtung hatten. Motorisierte Kolonnen rasten durch die von den Kämpfen bereits teilweise verwüsteten Straßen. Überall kämpften sich Panzer durch feindliche Stellungen. Der beispiellose Vorstoß hatte jede Chance der Franzosen auf eine Neugruppierung völlig zunichte gemacht. An der französischen Front entstand ein völliges Durcheinander, und die mangelnde Beweglichkeit der Franzosen hatte schlimme Folgen. Fast überall wurden französische Soldaten niedergemetzelt, eingeschlossen oder einfach überrannt. Wer dem Massaker entkam, zog sich nach Süden zurück, aber die Deutschen nahmen die Verfolgung auf.

Damals waren schätzungsweise 500.000 Soldaten gefangen genommen worden. Große Mengen von Waffen und Kriegsmaterial waren der Wehrmacht in die Hände gefallen. Zur weiteren Demoralisierung der Franzosen hatte die italienische Armee am 20. Juni, ein paar Tage nach der Kriegserklärung an Frankreich, mit rund 32 Divisionen eine Reihe von Angriffen gegen sechs französische Divisionen im Süden gestartet. Gegen die 185.000 Mann starke Armee, die dem Befehl von General Olry unterstand, erzielten die Italiener jedoch nur geringe Fortschritte. Sie konnten es mit der gut ausgebildeten und disziplinierten französischen Armee in den Alpen nicht aufnehmen.

Während die Deutschen die letzten noch verbleibenden Widerstandsnester aushoben, begab sich Hitler beschwingt in Begleitung von Stabsoffizieren in den Wald von Compiègne, wo im Jahre 1918 die Vertreter des Kaisers kapitulierten. Genau hier sollte die französische Delegation, angeführt von General Huntziger, einen Waffenstillstand mit Deutschland unterzeichnen. Für die Unterzeichnung wurde eigens derselbe Salonwagen in aller Eile aus einem Museum an den Originalschauplatz geschafft. Die Deutschen forderten vor allem die Einstellung der Feindseligkeiten und Sicherheit für das Reich, was die Kriegsführung gegen England anbelangte. Hitler machte auch klar, dass er die französische Kriegsflotte nicht für eigene Zwecke

brauchen würde, verlangte aber von Frankreich, dass es für die Besatzung durch die Wehrmacht aufkommen sollte.

Anfangs weigerte sich die französische Delegation, den Bedingungen zuzustimmen. Ein paar Stunden lang behielten die Mitglieder die Nerven und forderten hartnäckig, die Bedingungen der französischen Regierung in Bordeaux zu übermitteln. Doch am frühen Abend, nachdem sie beinahe drei Stunden im Salonwagen verbracht hatten, riss den Deutschen die Geduld und sie stellten den Franzosen ein letztes Ultimatum: die Unterzeichnung des Waffenstillstands oder weiteres Blutvergießen auf dem Schlachtfeld. Um 18.50 Uhr unterzeichnete General Huntziger schließlich nach mehreren Telefongesprächen mit Bordeaux den Waffenstillstand und besiegelte damit Frankreichs Schicksal.

Die völlige Niederlage

Bis zum 25. Juni 1940 waren einige deutsche Angriffsspitzen bis nach Lyon vorgedrungen. Es wurde gemeldet, dass Panzer vor Bordeaux und sogar in Vichy waren. Doch als der Waffenstillstand in Kraft trat, zogen sich die deutschen Kräfte sofort zurück. Trotz des überraschend schnellen und technisch überragenden Sieges im Westen verhielt sich die Wehrmacht ihrem besiegten Feind gegenüber fair.

Die französische Armee hingegen war völlig demoralisiert, ja sie hatte einen regelrechten Schock erlitten durch die Katastrophe, die über sie hereingebrochen war. Etwa 94.000 französische Soldaten waren gefallen und rund eine Viertel Million war verwundet worden. Fast zwei Millionen französische Soldaten wanderten in deutsche Kriegsgefangenschaft. Mit 27.000 Gefallenen und 111.000 Verwundeten waren die Verluste auf deutscher Seite dagegen viel geringer.

Von der französischen Armee blieb praktisch nichts übrig. Infanterie, Kavallerie und Panzerdivisionen waren führerlos, orientierungslos, erschöpft und ausgehungert. Kilometerlange Kolonnen deprimierter Soldaten zogen auf verstopften und vom Krieg zerstörten Straßen dahin. Frisch Einberufene, Veteranen, polnische und tschechische Freiwillige, arabische leichte Infanteristen, schwarze Senegalesen: sie alle gehörten zu den letzten Überresten einer Armee, die versucht hatte, der kolossalen Flutwelle des Blitzkriegs Einhalt zu gebieten, aber von ihr überschwemmt wurde.

Die Schlacht um Frankreich war ein Erfolg für Deutschland, das nun die Früchte eines weiteren dramatischen Blitzkriegfeldzugs erntete. Für die Durchführung des Blitzkriegs war die Landschaft in Frankreich wie geschaffen, und das Konzept des Blitzkriegs schien perfekt zu sein. Doch in den unwegsamen Gebirgen, den riesigen öden Wüsten und den endlosen Steppen Russlands sollte diese Art der Kriegsführung, bei der ein schneller und vernichtender Sieg über den völlig überrumpelten Gegner errungen wurde, auf ernsthafte Schwierigkeiten stoßen.

Rechts: Wehrmachtsoldaten inspizieren einen verlassenen britischen leichten Panzer Mk VI »Vickers« in einem Wald in Nordfrankreich. Viele der Ende Mai/Anfang Juni aufgegebenen Panzer waren von den zurückweichenden alliierten Truppen zerstört worden. Dieser leichte Panzer Mk VI scheint jedoch unversehrt zu sein, was darauf hindeuten könnte, dass der Besatzung der Treibstoff ausging und keine Zeit mehr blieb, den Panzer in Brand zu stecken.

BLITZKRIEG

Oben: Ein britischer leichter Panzer Mk VI »Vickers« irgendwo in Nordfrankreich, vermutlich nicht weit von der Kanalküste. Diese britischen leichten Panzer konnten gegen die stärker bewaffneten und gepanzerten deutschen nicht viel ausrichten. 1940 diente der Mk VI vorwiegend als Befehls- und Aufklärungspanzer. Wie die Franzosen hatten die Briten ihre Panzer in erster Linie für die Unterstützung der Infanterie ausgelegt und nicht als eine eigene Angriffswaffe.

Unten: Ein deutscher Soldat bei einem erbeuteten britischen Bren-Gun-Carrier, der Ende Mai 1940 bei den 4./7. Royal Dragoon Guards bei Arras im Einsatz war. Wie beim französischen Zugfahrzeug Renault/AMX UE, gliederte die Wehrmacht auch diese leichten Kettenfahrzeuge 1940 in ihre Truppen ein, und ihr neuer Besitzer verwendete sie in großer Stückzahl bis zum Ende des Feldzugs. Sie waren äußerst geländegängig und konnten im Laderaum bis zu 500 kg transportieren.

Oben: Diese interessante Aufnahme zeigt den Kommandeur der 7. Panzerdivision, General Erwin Rommel, am Feldtelefon in Frankreich, Ende Mai 1940. Höchstwahrscheinlich ist er bei den Vorausabteilungen des 25. Panzerregiments, denn das Foto wurde am 27. Mai in der Nähe des La Bassée-Kanals im Gebiet Cuinchy aufgenommen. Rommel hatte seine Panzerdivision auf ihrem schnellen Vorstoß durch das bewaldete Ardennengebiet mit seinen engen Hohlwegen und steilen Böschungen geführt. Am 16. Mai rollten seine Panzereinheiten in Frankreich ein und fuhren Richtung Norden, wo der Weg oft durch Wälder oder Dörfer führte, aber ihren raschen Vorstoß übers freie Gelände konnte so gut wie nichts stoppen. Unaufhaltsam rollten sie vorwärts und erbeuteten, ohne auf Widerstand zu treffen, dabei zahlreiche französische Fahrzeuge, darunter auch Panzer. Diese wurden dann in die deutschen Kolonnen eingegliedert, während ungepanzerte Fahrzeuge und abgesessene Männer den Befehl erhielten, sich nach Osten in die Gefangenschaft zu begeben.

Oben: Ein außer Gefecht gesetzter leichter Panzer Mk VI »Vickers«, vermutlich von den 9. Queen's Royal Lancers der 1. britischen Panzerdivision, da das Foto zwischen Saint-Maxent und Huppy Ende Mai 1940 aufgenommen wurde. Im Wehrmachtsbericht vom 28. Mai steht, dass an diesem Tag an der Somme 30 feindliche Panzer zerstört wurden, neun davon von einer deutschen 3,7-cm-Pak der 14. Kompanie der 25. Infanteriedivision, der Rest von der 2. motorisierten Infanteriedivision.

Unten: Ende Mai 1940. Im Regen stapft ein Soldat an den Gräbern deutscher Gefallener vorbei, ein paar einfache weiße Kreuze am Waldrand. Deutlich zu sehen ist die Zeltbahn dieses Infanteristen, die auch als Regenschutz verwendet wurde. Sie konnte auf verschiedene Art und Weise getragen werden, je nachdem ob man zu Fuß, mit dem Fahrrad oder Pferd unterwegs war. Mehrere Zeltbahnen konnten zu einem Viermannzelt zusammengeknöpft werden. Wenn man sie nicht brauchte, wurde sie gefaltet oder zusammengerollt und dann auf die Feldausrüstung geschnallt.

Unten: Französische Zivilisten säubern ihre Häuser in Dünkirchen von den Trümmern. Dem Ausmaß des Schadens nach zu urteilen, sorgte die Luftwaffe mit schweren, anhaltenden Stuka-Tiefflugangriffen dafür, dass jeder Widerstand von Seiten der Alliierten schnell unterbunden wurde. Das kostete nicht nur Hunderten von Soldaten in Dünkirchen das Leben, sondern auch einer beträchtlichen Zahl von Zivilisten.

DAS ENDE NAHT

Unten: Dieses Foto zeigt die Verwüstungen um die Kirche von Dünkirchen nach der Einnahme der Stadt. Fast unmittelbar nachdem die Stadt in deutsche Hände gefallen war, wurden gefangene französische Soldaten zusammen mit zivilen Arbeitertrupps zu Aufräumarbeiten gezwungen. Auch am Strand gab es eine riesige Räumungsoperation, um die mehreren Hundert ausgebrannten Fahrzeuge, die kilometerweit den Strand übersäten, wegzuschaffen. Damit wurde jedoch erst begonnen, nachdem offizielle deutsche Fotografen eine Reihe von Aufnahmen für Propagandazwecke gemacht hatten.

BLITZKRIEG

Unten: Generalfeldmarschall Hermann Göring in seiner neuen Sommeruniform während seines Parisbesuchs. Es war Göring zwar nicht gelungen, die Luftwaffe zur Vernichtung der britischen Expeditionskräfte am Strand von Dünkirchen einzusetzen, aber drei Wochen später durfte er sich über den glorreichen Sieg über Frankreich freuen. Als Oberbefehlshaber der Luftwaffe hatte er persönlich deren Befehl im Westen übernommen, und sie hatte ihre Blitzkriegstaktiken mit brutaler Wirkung angewandt. Der gesamte Feldzug bestärkte Göring in seinem Glauben an seine Männer und Maschinen. Ganz Europa lag nun praktisch innerhalb der Reichweite der deutschen Luftwaffe, und Göring meinte, vielleicht zu Recht, dass »seine Luftwaffe« wesentlich zum Erfolg beigetragen hatte.

DAS ENDE NAHT

Unten: Deutsche Soldaten marschieren am 14. Juni 1940 durch die Pariser Innenstadt. Diese Männer von der 9. Infanteriedivision waren die ersten deutschen Truppen, die die französische Hauptstadt betraten. Der offizielle Einmarsch der siegreichen Truppen wurde später an diesem Tag von Teilen der 8. Infanteriedivision abgehalten. Sie marschierte an mit Hakenkreuzfahnen geschmückten Gebäuden vorbei.

Links: Berittene Infanterie zieht am 16. Juni 1940 durch die Porte de la Villette in Paris ein. Diese Soldaten, die höchstwahrscheinlich der 30. Infanteriedivision angehören, nehmen an der Siegesparade teil, die zwei Tage nach dem Einmarsch der ersten Truppen in Paris stattfand. In der Avenue Foch zwischen dem Triumphbogen und der Porte Dauphine nahmen berittene Offiziere und der einarmige Divisionskommandeur Generalleutnant Kurt von Briesen die Parade ab. Vor den Augen schweigender französischer Zivilisten marschierten Kolonnen deutscher Infanterie und Militärkapellen durch die Stadt, sehr zur Bestürzung der Pariser.

125

Unten: Obwohl der feierliche Einmarsch in Paris von Teilen der 8. und der 28. Infanteriedivision am Nachmittag des 14. Juni 1940 erfolgte, hielten die Deutschen erst zwei Tage später ihre Siegesparade in der Hauptstadt ab, diesmal mit der 30. Infanteriedivision. Hier spielt die Militärmusik nahe der Place de la Concord zur zackig vorbeimarschierenden Infanterie. Die Tribüne befand sich in der Avenue Foch, auf halbem Weg zwischen Triumphbogen und Porte Dauphine.

Oben: Soldaten der 8. Infanteriedivision machen vor einem Pariser Café Ende Juni 1940 Rast. Mauser-Gewehre und persönliche Ausrüstung sind griffbereit. In der ganzen Stadt prägte das deutsche Militär das Bild. Strategische Plätze wie Bahnhöfe waren bereits besetzt und abgeriegelt worden. Die Truppen hatten Verteidigungsstellungen bezogen, der Triumphbogen war gut bewacht. Erst nach Hitlers Besuch in Paris im Juli 1940 wurden einige militärische Sicherheitsbeschränkungen wieder aufgehoben und die Pariser konnten wieder zu einer gewissen Normalität zurückkehren.

DAS ENDE NAHT

Oben: In den Pariser Vororten gibt es überall Militärkontrollen. Eine Gruppe französischer Zivilisten beobachtet, wie weitere deutsche Truppen in die Hauptstadt strömen. Ein mittlerer Horch-Geländewagen parkt am Straßenrand, zwei mit Mauser-Gewehren bewaffnete Infanteristen beobachten das Spektakel ebenfalls. Diese beiden Soldaten bewachen höchstwahrscheinlich einen strategisch wichtigen Punkt oder eine der Straßen in die Stadt.

Unten: Dieses Foto wurde vermutlich nach der Siegesparade am 16. Juni 1940 aufgenommen, als eine Straßensperre weiter unten auf der Avenue Foch errichtet wurde. In der Pariser Innenstadt gab es strenge Sicherheitsvorkehrungen, die Kontrollpunkte gehörten bis zum Ende der deutschen Besatzung zum Alltag. Im Sommer 1940 durften nur Militärangehörige oder Inhaber von Sondergenehmigungen diese Kontrollpunkte passieren.

Oben: Die Siegesparade auf der Avenue Foch am 16. Juni 1940. Zwei Horch-Wagen der 30. Infanteriedivision fahren gerade an der Tribüne vorbei. Auf dem Wagen rechts ist ein MG 34 mit 50-Schuss-Gurttrommel 34 sowie Teleskopvisier auf der Dreibeinlafette zu sehen, auf der es wirkungsvoll gegen Flieger eingesetzt werden konnte. Das MG 34 war 122 cm lang und wog auf der Dreibeinlafette 31,07 kg. Die Mündungsgeschwindigkeit betrug 755 m/s, die maximale Reichweite 2000 m. Es feuerte mit einer Geschwindigkeit von 800 bis 900 Schuss pro Minute. Diese äußerst wirkungsvolle Waffe war auf der Lafette durchaus in der Lage, ein Flugzeug zu beschädigen oder sogar abzuschießen.

Unten: Dieses Foto stammt von einem Soldaten des 25. Panzerregiments von Rommels 7. Panzerdivision. In der Ferne sieht man Artilleriefeuer auf feindliche Verteidigungsstellungen oder »Igelstellungen« bei einem französischen Dorf. Die alliierten Kräfte in Frankreich verschanzten sich nun an der Front in einer Reihe von »Igelstellungen«, also in kleinen eingegrabenen Verteidigungspositionen entlang von Wäldern und Dörfern, anstatt in einer durchgehenden Frontlinie. Diese Stellungen wurden von verschiedener Waffengattungen entschlossen verteidigt, darunter Panzerabwehr, Fliegerabwehr, Infanterie und Artillerie. Einige erhielten den Befehl, als Stützpunkte auszuhalten und sich nicht einmal zurückzuziehen, um vorbeiziehende deutsche Truppen aufzuhalten.

DAS ENDE NAHT

Oben: Ein General der Wehrmacht begrüßt im Juni 1940 Westfrontkommandeure. Wie bei Offizieren war auch die Felduniform der Generäle und höherer Ränge vom Material und Schnitt her viel edler als die Einheitsuniformen. Es wurden Dienstgradabzeichen und rot-goldene Kragenpatten auf dunkelblauem/-grünem Untergrund getragen. Zur Feldbluse konnten Hosen oder Reithosen getragen werden, die meisten Generäle bevorzugten aber Reithosen. Dieser General wurde mit dem Eisernen Kreuz II. Klasse ausgezeichnet und hat es stolz an seine linke Brust geheftet.

129

BLITZKRIEG

Oben: Drei Offiziere vom 25. Panzerregiment der 7. Panzerdivision können von diesem Feld aus die feindlichen Stellungen im Auge behalten. Der Offizier links trägt einen graugrünen Mantel und Offiziersreitstiefel mit Sporen. Das Foto stammt vom 11. Juni 1940; in diesem Zeitraum griff die 7. Panzerdivision den Hafen von St.Valéry-en-Caux an.

Berichten zufolge handelte es sich dabei um ein zweites Dünkirchen, doch diesmal war Rommel entschlossen, Gefangene zu machen. Am 12. Juni machte die 7. Panzerdivision 40.000 Gefangene, davon 8000 Briten, unter ihnen auch General Fortune, der Kommandeur der 51. Highland Division.

DAS ENDE NAHT

Oben: Ein auf einem Krad mit Seitenwagen sitzender Offizier vom zersplitterten 25. Panzerregiment lässt sich mit seinen Männern fotografieren. Das Foto wurde am 14. Juni 1940 südlich von St. Valéry-en-Caux gemacht. Damals bestätigten Meldungen, dass deutsche Truppen ohne Probleme und Gegenwehr mit der Seineüberquerung begonnen hatten.

Jetzt marschierten Infanteriedivisionen südwärts Richtung Loire. Am 17. Juni erhielt die 7. Panzerdivision, mächtig stolz über den Erfolg von St. Valéry, den Befehl, über die Seine zu setzen. Die Einheit sollte so weit wie möglich nach Westen vorstoßen, dann nach Norden schwenken, um den strategischen Hafen Cherbourg zu erobern.

Rechts: Ein kolonialer Soldat aus einer französischen Afrikadivision hat sich ergeben und nimmt einen Schluck aus einem Trinkbecher. Hinter ihm stehen mehrere arg mitgenommene und erschöpfte Soldaten, die letzten Reste einer Vielzahl zerschlagener Einheiten. Diese Soldaten wurden von Truppen der 7. Panzerdivision gefangen genommen, als sie über Frankreich zurückwichen, um den drohenden deutschen Panzerspitzen zu entgehen. Als die Sonne am 18. Juni 1940 unterging, hatten Rommels Panzer und Artillerie ihre Stellungen an den Zugängen nach Cherbourg bereits bezogen und bereiteten sich auf den Angriff auf den Hafen vor.

131

BLITZKRIEG

Rechts: Soldaten aus den Kolonien, die von der 7. Panzerdivision gefangen genommen wurden. Beide Afrikaner tragen französische Mäntel und Stahlhelme. Einigen dieser Gefangenen wurde angeboten, sich für die Kämpfe in Nordafrika zu Rommels Afrikakorps zu melden. Diese Männer hatten trotz gegnerischer Überlegenheit tapfer gekämpft, konnten aber aufgrund ihrer mangelhaften Ausbildung und Ausrüstung nicht mehr tun, als den deutschen Vormarsch vorübergehend zu behindern. Ein Jahr später trafen diese Soldaten in den nordafrikanischen Wüsten auf dasselbe Problem, diesmal kämpften sie gegen die Briten.

Oben: Eine Kolonne alliierter Kriegsgefangener marschiert nach ihrer Gefangennahme durch die 7. Panzerdivision Richtung Osten. Die meisten von ihnen sind immer noch mit Mantel, Decke und Brotbeutel sowie mit einer Matte ausgerüstet. Mit der Decke oder dem Mantel deckten sich die Männer beim Schlafen zu. Viele dieser Soldaten hatten jedoch vor ihrer Gefangennahme nicht viel Zeit zum Schlafen gehabt, da sie ständig unterwegs waren oder in »Igelstellungen« gegen den Ansturm der tödlichen deutschen Waffen kämpften.

DAS ENDE NAHT

Oben: Weitere französische Soldaten werden in die provisorischen rückwärtigen Kriegsgefangenenlager gebracht. Die meisten von ihnen sind immer noch mit Mantel, Decke und Brotbeutel sowie einer zusammengerollten Matte ausgerüstet. Diese Männer wurden von Soldaten von Mansteins Korps gefangen genommen, die den letzten koordinierten alliierten Panzerangriff im Feldzug nördlich von Le Mans niederschlugen. Als sich die Reihen lichteten, die Moral sank und keinerlei Luftunterstützung kam, konnten diese Soldaten einen deutschen Gegenangriff nicht mehr zurückschlagen und waren leicht zu besiegen. Am 22. Juni 1940 erreichte Mansteins Korps das andere Seineufer und stieß vor, ohne auf Widerstand zu treffen.

Links: Eine deutsche Feldküche wird am Flussufer für die Verpflegung der Pioniere aufgebaut, während die Mannschaft zusieht, wie Fahrzeuge über die nahe liegende Pionierbrücke setzen. Für die provisorische Brücke haben die Pioniere gefällte Bäume mit dem üblichen Brückengerät einfallsreich kombiniert. Bei den Brückenbaueinheiten wurden die unterschiedlichsten Ausrüstungsteile verwendet, wie Pontons, schwimmende Zwischenstützen, Kähne und verschiedene Flöße, mit denen die meisten Flüsse oder Kanäle überbrückt werden konnten. Darunter gab es auch Brückenteile mit einer Tragfähigkeit von 4,5 bis 16 Tonnen.

BLITZKRIEG

DAS ENDE NAHT

Links: Ein Soldat führt sein Pferd durch eine vermutlich von der Luftwaffe zerstörte französische Stadt. Bombenangriffe auf Wohngebiete zielten rein auf militärische Ziele ab. Diese unbekannte Stadt war vielleicht für die Franzosen von militärischem Wert, oder ihre Streitkräfte hatten in irgendeiner Form Widerstand gegen den deutschen Angriff auf die Stadt geleistet. Die Blitzkriegmethode bestand darin, großen Widerstand zu umgehen und zu vermeiden, wenn möglich einzusickern, und nur dann zu kämpfen, wenn es keine andere Alternative gab. Der Schwung des Angriffs war von entscheidender Bedeutung, und um ihn beizubehalten, wurde häufig Luftunterstützung eingesetzt.

Links: Die Kirche von Dünkirchen mitten unter zerstörten Gebäuden. Für Frankreich und Großbritannien waren die Verluste hoch. Stellenweise kam es im Raum Dünkirchen zu heftigen Gefechten und besonders zähem Widerstand. Der Angriff durch die Stadt wurde von der 1. Panzerdivision geführt. Hitlers Leibstandarte wurde ebenfalls dazu abkommandiert und verlor mehrere Männer durch das britische Gloucestershire Regiment. Als der Sieg errungen war, hissten die Soldaten der 1. Panzerdivision die deutsche Nationalflagge auf dem Kirchturm.

Oben: Deutsche Offiziere neben einem mittleren Horch-Geländewagen bei einer Besprechung über das weitere strategische Vorgehen in Frankreich, östlich von Belfort am 18. Juni 1940. An diesem Tag eroberte das XXXXI. Korps Belfort nach einem kurzen Gefecht zwischen Korpsartillerie und den Befestigungstürmen sowie der Zitadelle der Stadt. Bis zum folgenden Tag war die Stadt vollkommen eingeschlossen und Einheiten der 1. Armee riegelten den letzten Fluchtweg für die Alliierten aus dem Kessel von Norden ab. Rund 200.000 Mann der französischen 3., 5. und 8. Armee waren nun eingeschlossen und blieben es auch bis zum Waffenstillstand und Ende der Kampfhandlungen.

BLITZKRIEG

Oben: Ein zurückgelassenes französisches Artilleriegeschütz bei Belfort am 19. Juni 1940. Das Feldgeschütz ist ein 15,5-cm-C-Modèle 1917. Die daneben liegenden Wagen, toten Pferde und zerstörten Fahrzeuge zeugen von der Überlegenheit der deutschen Boden- und Luftstreitkräfte. Die Schlacht um Frankreich war nun praktisch vorbei, doch trotz des Zusammenbruchs der französischen Armee kämpften einige französische Einheiten noch tapfer weiter.

Rechts: Die Bedienung einer 15-cm-Feldhaubitze sFH hat eine der Granaten auf eine Korbmatte neben der Feuerstellung gestellt. Dahinter sind Korbbehälter mit Granaten aufgestapelt und bereit für den Einsatz. Diese Granaten hatten eine maximale Reichweite von 13.250 m. Korbbehälter waren eine billige, effektive und sichere Lagermethode für Granaten, und sie wurden oft wiederverwendet.

DAS ENDE NAHT

Oben: Die Bedienung einer 3,7-cm-Panzerabwehrkanone 35/36 schiebt die Pak in Position, um die letzten noch verbliebenen Widerstandsnester in einer französischen Stadt auszuschalten. Drei mit Erde gefüllte Munitionskisten sind vorne am Schild angebracht worden als Gegengewicht und auch als zusätzliche Panzerung. Der Radfahrer im Hintergrund, im Rang eines Gefreiten, sieht auf seinen toten Kameraden hinunter, der mit dem Gesicht nach unten liegt und immer noch sein Mauser-Gewehr umklammert.

Rechts: Diese spezielle Aufnahme vom Verschlussblock einer deutschen schweren Feldhaubitze sFH 18 vermittelt einen Eindruck von der Größe. Erst wurde der Verschluss geöffnet, dann das 43,52 kg schwere Geschoss mit einem langen Ansetzer ins Rohr geschoben. Dann folgte die Kartusche mit der erforderlichen Treibladung. Inzwischen wurden schnell noch ein paar letzte Einstellungen vorgenommen, der Richtschütze überprüfte noch einmal die Feuerrichtung. Wenn die Erhöhung eingestellt war, konnte die Granate abgefeuert werden. Der Artillerist links im Bild mit dem Notizblock in der Hand ist wahrscheinlich der Batteriekommandant.

DAS ENDE NAHT

Unten: Eine schwere Feldhaubitze sFH 18 in einem Feld oberhalb von verstreuten gegnerischen Stellungen. Zum Schutz gegen feindliche Beobachter wurde sie mit Laub gut getarnt. Dieses Foto wurde zwar am 19. Juni 1940 gemacht, als die Kämpfe in Frankreich schon fast zu Ende waren, trotzdem wollten die Geschützmannschaften keinerlei Risiko eingehen und gingen bei der Tarnung ihrer Geschütze sorgfältig vor. Am nicht aufgerichteten Rohr ist zu erkennen, dass dieses Geschütz nicht in Feuerposition ist.

139

BLITZKRIEG

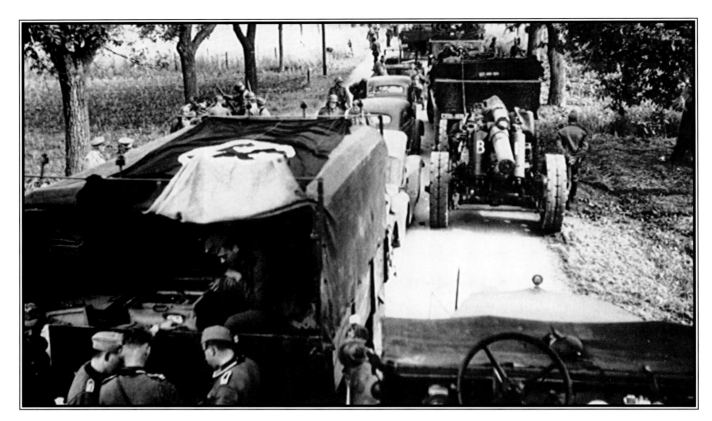

Oben: Eine lange Fahrzeugkolonne kommt auf einer verstopften Straße nördlich von Paris zum Stehen. Eine schwere Feldhaubitze sFH 18 wird auf einer Lafette gezogen. Das hinten aufgemalte weiße »B« bedeutet höchstwahrscheinlich, dass es sich um das zweite Geschütz in der Batterie handelt. Der Opel Blitz dahinter, der scheinbar mit Funk ausgerüstet ist, hat die deutsche Nationalflagge auf dem Dach, um einen Angriff von der eigenen Luftwaffe zu verhindern.

DAS ENDE NAHT

Links: Eine französische Zivilistin geht an einer schweren Feldhaubitze sFH 18 vorbei, die von einem SdKfz 7-Halbkettenfahrzeug gezogen wird. Die sFH 18 bewährte sich während der Kämpfe in Frankreich trotz ihres im Vergleich zu den Panzerspitzen langsamen Vormarschtempos. Diese Artilleriegeschütze hatten ein großes Gewicht und waren schwer zu transportieren und aufzustellen, deshalb brauchte die Wehrmacht mehr Halbkettenfahrzeuge. Sie rüstete ihre Divisionen in den 1930er-Jahren mit Halbkettenfahrzeugen aus. Diese reichten vom leichten Zugkraftwagen 4,5 to, der als Zugmittel für Panzerabwehrkanonen und leichte Fliegerabwehrkanonen, über 7,5-cm-Kanonen bis 15-cm-Kanonen bis hin zu Pontonbrückenteilen diente, bis zum riesigen schweren Zugkraftwagen 18 to.

Oben: Diese interessante Aufnahme zeigt wie französische Kriegsgefangene an einem Flussufer beobachten, wie die Deutschen eine 3,7-cm-Panzerabwehrkanone 35/36 mit einer Fähre ans andere Ufer bringen. Benzinkanister wurden als Gegengewicht zur Kanone verwendet und am Schutzschild befestigt. Obwohl die Kanone nur 432 kg wog, war ihr Transport manchmal eine mühselige Aufgabe, die die Leistung der gesamten Mannschaft erforderte. Im Laufe des Krieges wurden die Infanteriedivisionen mit verschiedenen Kanonen ausgerüstet. 1940 bewährte sich die Panzerabwehrkanone an der Westfront, insbesondere wegen ihrer Beweglichkeit und Feuerkraft, wo sie mit der angreifenden Infanterie vorrücken konnte. Aber alle Panzerabwehrkanonen, besonders die Pak 35/36, waren als Infanterieunterstützungswaffen von begrenztem Wert.

Oben: Der Soldat rechts im Bild unterhält sich mit einem Angehörigen der Sanitätstruppe. Er trägt ein helles rotes Kreuz auf einer einfachen weißen Armbinde, die immer am linken Oberarm getragen wurde. Zur Sanitätstruppe gehörten auch die Fahrer der Sanitätseinheiten. 1940 ging die Bergung Verwundeter vom Schlachtfeld durch die Sanitätstruppen normalerweise schnell und effektiv vor sich. Es gehörte auch zum Aufgabenbereich der Sanitäter, die verwundeten Soldaten ins Feldlazarett zu bringen und zu versorgen. Bei den rund 160.000 während des Feldzugs Verwundeten hatten sie alle Hände voll zu tun. Überfordert waren sie aber erst im Krieg an der Ostfront im rauen Winter von 1941.

Oben: Eine Kolonne bespannter Artillerie auf dem Vormarsch durch die hügelige Landschaft Nordfrankreichs. Die vielseitig verwendbare Zeltbahn dient hier vermutlich zum Abdecken einer 10,5-cm-leFH (leichte Feldhaubitze). Dieses von Rheinmetall entwickelte Geschütz wurde 1935 als Standardfeldgeschütz der leichten Batterien der Wehrmacht in Dienst gestellt. Sie wog 1985 kg und feuerte 14,8 kg schwere Granaten. Wegen der fehlenden motorisierten Transportmittel im Jahre 1940 wurden viele dieser Geschütze von Pferden gezogen anstatt von Halbkettenfahrzeugen.

Oben: Ein PzKfpw I auf einer verstopften Straße mit Nachschublastwagen und bespannter Artillerie. Über der Motorraumabdeckung des Panzers ist eine Hakenkreuzfahne zu sehen. Wie bei vielen anderen Fahrzeugen, die an den Operationen im Westen teilnahmen, diente diese Fahne in erster Linie für die Erkennung aus der Luft. Tausende von Fahrzeugen drängten sich auf den Straßen Richtung Westen, was letztendlich zu massiven Verkehrsstaus führte, die manchmal eine Länge von 25 km erreichten. Ein Ausweichen übers Gelände ermöglichte den Panzern zwar ein schnelleres und sichereres Fortkommen, erhöhte den Treibstoffverbrauch jedoch drastisch.

BLITZKRIEG

Oben: Mehrere Besatzungsmitglieder eines PzKpfw 35(t) haben während einer Rast einmal Gelegenheit zu einer Unterhaltung. Die Panzermänner tragen die schwarze Ausführung der Feldmütze und die schwarze Sonderbekleidung, die in Farbe und Schnitt für alle Dienstgrade der Panzerwaffe gleich war, abgesehen von den Rangabzeichen. Die Panzeruniform bestand aus einer kurzen schwarzen zweireihigen Jacke, die mit langen Hosen getragen wurde. Die Uniform wurde sowohl als Dienstuniform (auch als Felduniform) sowie als Ausgeh- und Paradeuniform getragen. Zwei der Panzermänner tragen den typischen graugrünen Ledermantel.

Rechts: Verschiedene Fahrzeuge in einem Feld, absichtlich so verteilt für den Fall eines Luftangriffs. Der Fahrer des schweren Horch-Geländewagens (Kfz 15) und ein Kradmelder genießen die Sommerluft. Die BMW R35 des Kradmelders steht hinter dem Horchwagen. Unter den anderen Panzerfahrzeugen und Mannschaftswagen befinden sich zwei PzKpfw III der Ausführung A. Obwohl es bei ihm Probleme mit der Aufhängung gab, »besiegte« der PzKpfw III im Jahre 1939 als auch 1940 sämtliche Gegner im Blitzkrieg. Seine Hauptwaffe war eine 5-cm-KwK L/42, als Sekundärbewaffnung dienten zwei MG 34.

DAS ENDE NAHT

Oben: In einem Feld in Nordfrankreich sind die unterschiedlichsten Fahrzeuge zum Stehen gekommen. Da es im Gebiet keine Anzeichen von Kampfhandlungen gibt, nutzen die Soldaten und Panzerbesatzungen die kurze Zeit für eine Unterhaltung. PzKpfw 35(t), PzKpfw II, PzKpfw III und ein leichter Horch-Befehlswagen sind absichtlich über die ganze Kolonne verteilt. Auf dem Kotflügel des Befehlswagens befindet sich rechts die Kommandoflagge der Panzergruppe. Alle deutschen Befehlswagen sowie die privaten oder offiziellen Fahrzeuge der Kommandeure waren autorisiert, Wimpel oder Schilder zu führen. Für hochrangige Kommandeure wie diesem waren die Wimpel rechteckig, für Kommandos von Panzereinheiten wurden die Waffenfarben Schwarz und Rosa verwendet.

KAPITEL 6

DIE KRISE IN DER WÜSTE

Die Ankunft des Afrikakorps

Nach den erstaunlichen Leistungen des Blitzkriegs in Europa beschloss Mussolini, der an Hitlers anhaltendem militärischem Erfolg teilhaben wollte, im September 1940 aus der italienischen Kolonie Libyen nach Ägypten einzumarschieren. Seine Truppen waren den britischen, die ihre dürftigen Stellungen verzweifelt zu halten versuchten, zahlenmäßig weit überlegen. Drei Monate später, am 9. Dezember, setzten die britischen Truppen unter der Führung von General Sir Archibald Wavell zu einer begrenzten Gegenoffensive auf die italienische Armee an, die von Marschall Rodolfo Graziani 97 km weit ins Innere der glühend heißen Libyschen Wüste geführt worden waren. In der folgenden fünf Tage dauernden Schlacht mussten die Italiener eine empfindliche Niederlage gegenüber den alliierten Kräften einstecken, 38.000 Italiener wanderten in Kriegsgefangenschaft, während es auf Seiten des Britischen Commonwealth nur 624 Verwundete und Gefallene gab.

Andere Teile der italienischen Armee wurden weiter in die Wüste getrieben, und Anfang Januar 1941 hatten australische Kräfte 45.000 italienische Soldaten in der Festung Bardia belagert. Am 5. Januar ergaben sich die abgekämpften und erschöpften Soldaten, nachdem der italienische Befehlshaber, General Berganzoli, nach Tobruk geflohen war und seine Männer ihrem Schicksal überlassen hatte. Der Befehlshaber der britischen Commonwealthtruppen, General Richard O'Connor, setzte seinen Vorstoß durch die Wüste fort und stieß mit seiner Angriffsspitze auf der Küstenstraße zur nur schwach verteidigten Hafenstadt Tobruk vor.

Am 21. Januar fiel Tobruk und weitere 27.000 Mann der italienischen Festungsbesatzung wanderten in Gefangenschaft. Mit halsbrecherischer Geschwindigkeit stürmten O'Connors Kräfte ungeachtet ihrer Erschöpfung weiter vor, während die Reste der italienischen Invasoren auf die libysche Hauptstadt Tripolis zurückwichen. Die britische 7. Panzerdivision nahm die gnadenlose Verfolgung der Italiener auf der Küstenstraße

Links: Hunderte Schiffe ankern im Hafen von Tripolis nach dem Eintreffen der ersten deutschen Truppen, Geschütze, Panzerwagen und Zelte am 14. Februar 1941 in Nordafrika.
Gegenüber: Feldmarschall Albrecht Kesselring, Rommels Oberbefehlshaber, besucht einen Frontabschnitt des Afrikakorps. Obwohl selbst ein fähiger Kommandeur, stand er anfangs in Rommels Schatten.

auf, bis schließlich der Gegner am 7. Februar bei Beda Fomm die Waffen streckte. In nur zwei Monaten hatte Mussolini rund 130.000 Mann und 380 Panzer verloren. Für den italienischen Diktator war das eine absolute Schmach. Nun konnte er nur mehr Hitler um Hilfe bitten oder sich der totalen Niederlage in Nordafrika stellen.

Rommel wird abkommandiert

Vor der italienischen Invasion in Ägypten hatte Hitler Mussolini eine Panzerdivision als Unterstützung angeboten, doch in seiner übertriebenen Selbstsicherheit beschloss der Duce, dieses vernünftige Angebot abzulehnen. Also verfolgte Hitler die Entwicklung der Schlacht in dem Wissen, dass ohne seine Unterstützung die Italiener scheitern und endgültig aus Nordafrika vertrieben würden. Schließlich rief Mussolini Hitler doch noch zu Hilfe, und dieser war gerne dazu bereit, denn es lag ihm mehr als je zuvor daran, das Prestige der Achse wiederherzustellen und die strategische Position des Reichs in Nordafrika zu konsolidieren.

Trotz der Niederlage der Italiener war Hitler voller Zuversicht auf einen Sieg, denn der Erfolg der Briten ließ sich, das war ihm klar, nicht durch deren Überlegenheit erklären, sondern nur durch die Unfähigkeit der italienischen Führung. Daher war es auch keine große Überraschung, dass Hitler am 3. Februar 1941 einen charismatischen Führer für den Krieg in der nordafrikanischen Wüste auswählte, der in dieser fremden Wildnis seine größten Erfolge erringen und damit selbst zu einer lebenden Legende werden sollte. Sein Name war General Erwin Rommel, der große Panzerführer, der im Jahre 1940 mit seiner 7. Panzerdivision wie eine Dampfwalze über Frankreich gerollt war. Hitler erkannte, dass Rommel wahrscheinlich als einziger General fähig war, die Führung einer Afrikatruppe zu übernehmen. Vorgeblich hatte Rommel den Auftrag, die militärische Lage dort zu erkunden, doch Hitler wusste selbst in dieser frühen Phase der Kriegsplanung schon, dass die Deutschen und nicht die Italiener den Vormarsch der Briten durch Libyen stoppen würden.

Am 12. Februar 1941 hatte Rommel mit seinem Heinkel-Bomber zum ersten Mal auf nordafrikanischem Boden aufgesetzt. Die flimmernde Hitze und unwirtliche Landschaft trugen wenig zur Begeisterung des legendären Kommandeurs bei. Auch nicht die Tatsache, dass die Italiener sich immer noch in vollem Rückzug auf Tripolis befanden und noch schnell alles zusammenpackten, um vor dem Eintreffen der Briten die Schiffe nach Italien zu erreichen. Zwei Tage nachdem Rommel seinen Fuß auf nordafrikanischen Boden gesetzt hatte, wurden Tausende Tonnen von Ausrüstung, von Geschützen und gepanzerten Wagen bis hin zu Zelten und Moskitonetzen unter Flutlicht im Hafen ausgeladen. In den folgenden Wochen gingen weitere Männer und Ausrüstung mit der üblichen Propagandaparade von Bord. Für die winkenden Zuschauer schien diese Parade militärischer Macht kein Ende zu nehmen, denn Rommel hatte, schlau wie er war, der 5. Panzerdivision den Befehl gegeben, um den Häuserblock zu fahren, um den Anschein einer riesigen Armee zu erwecken. Wie in Frankreich wollte Rommel auch hier den Briten einen Vorgeschmack auf seine großen Eroberungen für das Reich geben, deshalb kündigte er vor seinen Kommandanten an, dass sein erstes Ziel die Rückeroberung der Cyrenaika wäre, dann Nordägypten und der Suezkanal.

Vorstoß nach Osten
Anfang März 1941 gab Rommel den Panzerverbänden unter der Führung von General Johannes Streich den Befehl, mit vorgeschobenen Einheiten der 5. leichten Division von der Syrte Richtung Osten vorzugehen. Am 4. März hatte Streich voller Zuversicht Mugtaa erreicht, als es plötzlich zu Berührungen mit dem Feind kam. Schnell und entschieden wurde die britische Armee fast ohne Gefechte aus ihren leichten Verteidigungsstellungen vertrieben. Nichts konnte Streichs Männer aufhalten. Sie jagten den Gegner über die Wüste auf das kleine Dorf Mersa El Brega zu. Laut einer Weisung aus Berlin durfte Rommel Mersa El Brega nicht vor Ende Mai angreifen. Rommel erteilte den Befehl zum Angriff, und wie vorausgesehen, gaben die Briten ihre Stellungen auf.
Anfang April hatten die Briten, die ihre Kräfte um jeden Preis schonen wollten, mit einem allgemeinen Rückzug von der

Unten: Noch mehr Schiffe im Hafen von Tripolis. Als eine der ersten deutschen Truppen trafen am 14. Februar 1941 die vorgestaffelten Truppen des 5. leichten Regiments und des 3. Panzerregiments sowie Aufklärungs- und Unterstützungseinheiten im Hafen ein. Die Fahrt übers Mittelmeer war für die Transporter ein riskantes Unternehmen. 1941 begannen die Briten mit der intensiven und permanenten Kriegsführung gegen feindliche Transport- und Nachschubschiffe auf dem Weg von Italien nach Libyen. Das 5. und 3. Panzerregiment kamen unversehrt an, doch in den folgenden Wochen und Monaten wurden zahlreiche Transportschiffe angegriffen und versenkt. Zuerst wurde der Nachschub mit deutschen Schiffen übers Mittelmeer transportiert, doch angesichts der immensen Verluste musste man beim Truppen- und Nachschubtransport immer mehr auf italienische Schiffe ausweichen.

DIE KRISE IN DER WÜSTE

Halbinsel Cyrenaika begonnen. Rommel, der dem Gegner wie immer keine Zeit für Umgruppierungen und das Heranführen neuer Panzer lassen wollte, widersetzte sich abermals den Weisungen aus Berlin und leitete einen überraschenden Angriff mit drei Zangenarmen ein, um die beim Gegner entstandene Verwirrung auszunutzen. Mit Unterstützung von zwei italienischen Divisionen griffen deutsche Einheiten die britischen Verteidiger an und drängten sie zurück. Die folgenden Ereignisse hinterließen eine Spur der Verwüstung bis zur schwelenden Stadt Bengasi. In einem Brief an seine Frau Lucie berichtete Rommel stolz von seinem Einmannblitzkrieg in der Wüste, doch in Berlin löste die Nachricht von Rommels Erfolg Bestürzung aus. Rommel war jetzt noch überzeugter von einem Sieg auf dem nordafrikanischen Kriegsschauplatz und meinte, den Hafen von Tobruk schon in Reichweite zu haben.

Widerstand in Tobruk

Tobruk, der wichtigste Hafen in Nordafrika, war von den Briten besetzt, deshalb wagte Rommel nicht, seine Offensive mit dem Afrikakorps Richtung Ägypten zu führen, solange die Festungsbesatzung von Tobruk nicht ausgeschaltet war. Rommel wusste nicht, dass der britische Premierminister Winston Churchill bereits den Befehl erteilt hatte, Tobruk bis zum Letzten zu halten, ohne auch nur an einen Rückzug zu denken. Für die Briten durfte dies um keinen Preis zu einem zweiten Dünkirchen werden. Tobruk ging als die längste Belagerung in die britische Militärgeschichte ein. Am 11. April 1941 fand das Afrikakorps schließlich heraus, wie stark die britische Besatzung war. Die Festung wurde von den zähesten Truppen des Britischen Reichs verteidigt, die die deutschen Angriffe

Oben: Schiffe im Hafen von Tripolis ein paar Tage nach der riskanten Überfahrt über das Mittelmeer. In den kommenden Monaten erlitt die Wehrmacht durch die häufigen Angriffe der Briten große Verluste. Britische Unterseeboote und mit Torpedos bestückte Flugzeuge starteten vom wichtigen Inselstützpunkt Malta eine Reihe mörderischer Angriffe auf die deutschen Geleitzüge nach Libyen. Um die Zahl der Opfer unter den Soldaten möglichst gering zu halten, wurden sie nicht mehr auf dem Seeweg, sondern immer öfter auf dem Luftweg nach Afrika gebracht. Die unzureichenden Hafenanlagen von Tripolis boten ohnehin nur Platz für das Entladen von drei oder vier Schiffen gleichzeitig. Es war daher für die Wehrmacht schon zu einem sehr frühen Zeitpunkt unbedingt erforderlich, weitere Häfen an der Küste zu erobern und ihre Geleitzüge durch die italienische Luftwaffe zu sichern.

mit nicht weniger heftigem Artilleriefeuer erwiderten. Rommel war erstaunt über den hartnäckigen Widerstand des Gegners und forderte telegrafisch in Berlin die 15. Panzerdivision an. Doch selbst nach dem Eintreffen der ersten Einheiten der 15. Panzerdivision ein paar Tage später scheiterten weitere Angriffe auf den Hafen. Dass ihm der Durchbruch durch die britischen Verteidigungsstellungen nicht gelang, blieb Rommel immer ein Dorn im Auge. Aber er musste es akzeptieren, wenn auch ungern, und setzte nun zu einer äußerst gewagten Umgehung von Tobruk an, und beorderte das Gros seines Afrikakorps nach Sollum. Am 14. Juni 1941 hielt das Reich den Atem an, als der Gegner bei Sollum zu einer Großoffensive gegen Rommels mächtiges Afrikakorps antrat. Am nächsten Tag

149

BLITZKRIEG

wüteten unter der sengenden Hitze und den alles erstickenden Staubwolken blutige und brutale Kämpfe mit Panzern und Infanterie. Obwohl die gegnerischen Panzer zahlenmäßig überlegen waren, brachten Rommels außergewöhnliche Taktiken und der hartnäckige Widerstand der deutschen und italienischen Truppen den so dringend nötigen Sieg.

Auf dem Rückzug

Im Spätsommer 1941 wurde das Afrikakorps verstärkt, nachgerüstet und in »Panzergruppe Afrika« umbenannt. Mit seinen sechs italienischen Divisionen, dem Afrikakorps – die 15. und 21. Panzerdivision – und der 90. leichten Division, zu der alte Einheiten der 5. leichten Division gehörten, schien es unbesiegbar zu sein. Zu diesem Zeitpunkt wies die Truppe eine Stärke von 55.000 Mann auf. Schon vorher hatten aber auch die Briten die Gelegenheit ergriffen und ihre Armee verstärkt und die »Western Desert Force« als britische 8. Armee umgruppiert. Hier an der ägyptischen Grenze bereiteten sich die Briten auf eine Großoffensive vor, mit der Rommel vernichtet werden sollte, bevor er die Garnison von Tobruk ausschalten konnte. Im November waren die britischen Verstärkungen in den Aufmarschgebieten eingetroffen und standen nun mit 100.000 Mann und 700 Panzern unter der glühenden Sonne zum Angriff bereit.

Am 18. November wurde die unheimliche Stille der Wüste plötzlich vom Donnern britischer Geschütze durchbrochen, als die Briten mit einer Reihe wilder Panzerschlachten die Offensive eröffneten. In einem Gebiet von etwa 130 km², von der ägyptischen Grenze im Osten bis zu der südlichen Ausfallstraße aus Tobruk im Westen, lieferten sich die Panzer ein Duell. Trotz nummerischer Unterlegenheit seiner Truppen war Rommel fest entschlossen, die Briten daran zu hindern, sich einen Korridor nach Tobruk zu erkämpfen. In einer Demonstration seiner unglaublichen militärischen Taktiken bewies er seinem Gegner seine Beherrschung der mobilen Operationen, indem er über die Wüste vorstürmte und sich beim Halfaya-Pass und Sidi Omar mit deutschen Einheiten vereinigte.

Ende November hatten die britischen Linien ihre Verteidigung wieder verstärkt und begannen nun mit neuer Kraft auf Rommels erschöpfte und überdehnte Linien einzuschlagen. Treibstoff, Munition und Reserven waren aufgebraucht, also leitete Rommel den allgemeinen Rückzug aus der Cyrenaika ein und zog auch seine Belagerungstruppen östlich von Tobruk ab. Am Weihnachtstag fiel Bengasi in britische Hände, und Ende 1941 hatte Rommel wieder seine Stellungen erreicht, von denen er in diesem Frühjahr aufgebrochen war.

Oben: Ein Opel Blitz in einem Lager außerhalb von Tripolis, Ende Februar 1941. Für die Männer wurden Zelte und eine behelfsmäßige kleine Feldküche aufgestellt. Zwischen 14. und 20. Februar 1941 waren Vorausabteilungen der 5. leichten Division mit Tausenden Tonnen von Ausrüstung und Fahrzeugen in Tripolis angekommen. Dieses Lager ist nur eines von Dutzenden, die als Unterkunft und Stützpunkt für die Truppen des Afrikakorps errichtet wurden. Zwar blieben sie nur kurze Zeit im Lager, doch der erste Eindruck davon (wie auch von der Wüste) war für viele Soldaten ein schlechter.

DIE KRISE IN DER WÜSTE

Links: Wieder ein Lager, diesmal neben einem provisorischem Feldflugplatz bei Tripolis. Mit den Ju 52-Transportmaschinen nach Tripolis geflogene Soldaten stießen schnell zu ihren neuen Einheiten. Alle Verstärkungen mussten außerhalb von Tripolis bleiben, also etwa 6,5 km von der Stadt entfernt. Die Soldaten schlugen ihre behelfsmäßigen Lager mitten in einer unendlich weiten und kargen Landschaft auf. Unter diesen fast schon primitiven Bedingungen und in der unerträglichen Hitze konnten sich viele nicht vorstellen, wie sie hier existieren sollten. Wenn sie nicht im Dienst waren, verkrochen sich die Männer vor der sengenden Sonne, die auf den Wüstensand herunterbrannte, in ihren Zelten.

Oben: Ein Soldat vor seiner provisorischen Behausung bei Tripolis Ende Februar 1941. Die Windschutzscheibe des Fahrzeugs wurde zum Schutz gegen die Sonne abgedeckt. Die Männer hatten noch nie vergleichbare Bedingungen erlebt. In Lagern in und um Tripolis untergebracht, waren sie schockiert von der Landschaft. Einige Wanderdünen oder flache, ausgetrocknete Ebenen, ein paar Kakteen und Palmen kamen so manchem wie das Ende einer Reise vor. Viele fragten sich auch, wie die schweren Panzer im weichen Sandboden vorwärts kommen sollten und wie sie diese Hitze überleben konnten, denn sie hatten von schrecklichen Auswirkungen auf die unter der Gluthitze kämpfenden Soldaten gehört. Die Infanteristen, die keinerlei Wüstenerfahrung hatten und auf ihrem Vormarsch extremen Durst litten, hatten Angst davor, schnell auszutrocknen und zu sterben. Wenn sie überleben und die Briten schlagen wollten, mussten sie sich ganz schnell an diese Bedingungen anpassen und improvisieren, wo immer und wann immer es ging.

BLITZKRIEG

Unten: Mehrere Heinkel auf einem Flugfeld bei Tripolis, aufgenommen aus einer Heinkel 111. Flugzeuge waren die leichteste und effektivste Methode zur Versorgung der Truppen und Aufklärung feindlicher Linien. Die Deutschen hatten bis dahin das Zusammenwirken von Luft- und Bodentruppen bei ihrer Blitzkriegstaktik bereits perfektioniert. In der Wüste wurden die Heinkel, Junkers Ju 87-Sturzkampfbomber, Messerschmitt Me 109 und Me 110 entweder zur Erkundung feindlicher Stellungen oder zur Durchführung von Luftangriffen eingesetzt. Diese Heinkel hier befindet sich höchstwahrscheinlich auf einem Aufklärungsflug, um die Stellungen des Gegners auszumachen. Im Februar 1941 umfasste laut Berichten der deutschen Aufklärung die »Western Desert Force« (O'Connor) rund 25.000 Soldaten aus Großbritannien und dem Commonwealth, die der 7. Panzerdivision und der 4. indischen Division angehörten. Sie wurden verstärkt durch die 6. australische Division sowie neuseeländische Truppen. Sie hatten zwar die italienische 5. und 10. Armee geschlagen und hatten eine Stärke von rund 235.000 Mann, aber jetzt hatten sie es mit einem ganz anderen Kaliber von Soldaten und Kommandeuren zu tun.

Oben: Ein als Feldküche eingesetzter geländegängiger Lkw Opel Blitz hält auf einer Straße. Der Fahrer füllt anscheinend mit einem Benzinkanister den leeren Tank wieder auf. Diese 20-Liter-Kanister wurden nicht nur mit Treibstoff, sondern auch mit Wasser befüllt, das ja für die in der Wüste stationierten Soldaten lebenswichtig war. Wegen der brütenden Hitze und der großen Strecken, die die Fahrzeuge zurücklegen mussten, benötigten auch die Kühler jede Menge Wasser. Wasser war für das Afrikakorps sogar von so großer Bedeutung, dass es auf seinem Vormarsch durch die Wüste von speziellen Wasserkolonnen begleitet wurde, die mit tragbaren Wasserpumpen ausgerüstet waren. Um Wasser zu sparen, wuschen sich die Männer oft mit Benzin.

Oben: Seine dienstfreie Zeit nutzt dieser Soldat, um sich mit Hilfe eines Rasierspiegels ein bisschen zurechtzumachen. In der Freizeit trugen die meisten Soldaten nur das Nötigste, meist kurze Hosen und Schuhe oder Stiefel. Die Körperpflege stellte in der Wüste oft ein Problem dar, besonders wenn das Lager kilometerweit vom Meer entfernt war. Aus hygienischen Gründen wurden die Männer mit Waschbecken aus imprägnierter Leinwand ausgerüstet, die zusammengefaltet und in einer Tasche verstaut werden konnten. Sie hatten zwei Feldflaschen, die sie regelmäßig mit Kaffee auffüllten. Das Wasser musste immer abgekocht werden, weil oft Blutegel in den Zisternen waren. Wegen der vielen trockenen Salzseen in der Wüste waren auch die Moskitos eine Plage für das Afrikakorps, deshalb mussten jeden Abend Moskitonetze aufgehängt werden.

Unten: Eine 8,8-cm-Flak 36 (schwere Fliegerabwehrkanone) wird für den Wüsteneinsatz vorbereitet. Die Kanone war sowohl für den Einsatz gegen Luft- als auch Bodenziele ausgelegt. Die Flak 36 hatte ein Gewicht von 4985 kg und war auf einer Plattform befestigt. Sie feuerte eine 9,4 kg schwere Granate mit einer Mündungsgeschwindigkeit von 795 m/s (panzerbrechende Granaten gegen Bodenziele) und 820 m/s (Sprenggranaten gegen Flugzeuge). Sie hatte einen Schwenkbereich von 360° und eine Rohrerhöhung von −3° bis +85°. Die Feuergeschwindigkeit betrug 15 Schuss pro Minute, die maximale Schusshöhe 8000 m. Diese 8,8-cm-Kanone war sehr wirkungsvoll gegen feindliche Panzer und konnte auf eine Entfernung von 2000 m bei senkrechtem Auftreffen 8,8 cm Panzerstahl durchschlagen und bei einem Auftreffwinkel von etwa 30° 7,2 cm.

DIE KRISE IN DER WÜSTE

Oben: Bodenpersonal der Luftwaffe in Habtachtstellung neben ihrer Messerschmitt Me 109 anlässlich eines Besuchs von Generalfeldmarschall Kesselring, einem der fähigsten deutschen Generäle während des Zweiten Weltkriegs. 1941 wurde er zum Oberbefehlshaber Süd ernannt und teilte sich somit mit General Erwin Rommel die Leitung des Nordafrikafeldzugs. Bei Temperaturen von über 50° und durch den Flugsand war die Instandhaltung der Maschinen eine schwierige Aufgabe für die Wartungsmannschaften.

Oben: Dieses Foto wurde von General Erwin Rommel selbst aufgenommen und zeigt Panzerkolonnen im schnellen Vormarsch auf einer Straße bei Mugtaa im Mai 1941. Manchmal sah man Rommel in seinen leichten Fieseler Storch klettern, um persönlich den Vormarsch seiner Einheiten aus der Luft zu überwachen. Gelegentlich warf er aus seinem Storch aus Schulterhöhe eine Nachricht auf eine Kolonne ab, wie etwa: »Sofort in Bewegung setzen, sonst komme ich runter – Rommel!« Für ihn zählte nur die Geschwindigkeit. Er jagte ständig jeder Kolonne nach, die zu lange gebraucht oder die falsche Richtung eingeschlagen hatte. Mit seinem plötzlichen Auftauchen und seiner scharfen Zunge trieb er jeden Teil seines Kommandos an, er organisierte und improvisierte.

Oben: Ein Soldat vor einem Horch-Geländewagen. Die Windschutzscheibe ist mit einer Plane gegen Sandstürme geschützt. Er trägt die Feldmütze des Deutschen Afrikakorps und Fliegerbrillen. Hemd und Hose der Truppen in Nordafrika waren der feldgrauen Version sehr ähnlich, bestanden aber aus sandfarbenem und strapazierfähigem Baumwolldrillich. Wie auf diesem Foto zu sehen ist, konnten die Hemdsärmel zugeknöpft oder aufgerollt werden. Der Hemdkragen wurde von den Soldaten meist offen getragen.

DIE KRISE IN DER WÜSTE

Oben: Bodenpersonal bei der Wartung eines Flugboots in Tripolis. Als für die Versorgung des Afrikakorps nicht mehr genügend Junkers Ju 52-Maschinen vorhanden waren, wurden Flugboote in großer Stückzahl in Dienst gestellt, um den Nachschub nach Afrika aufrechtzuerhalten. Viele Flugboote unternahmen die schwierige und gefährliche Reise von Italien nach Nordafrika, besonders die größeren wurden vorwiegend für die Versorgung der Truppen verwendet.

BLITZKRIEG

Oben: Nach einem Bad im Mittelmeer bei Bengasi, das am 4. April fiel, ziehen sich die Männer neben ihrem Horch-Wagen wieder an. In der Wüste wurden die Bestimmungen für Uniform und Hygiene von den Truppen bald ignoriert. Der Tropenhelm und später auch die khakifarbene Kragenbinde wurden selten getragen. Bald wurden entweder knöchel- oder kniehohe Stiefel bevorzugt. Die ursprüngliche Feldbluse und Reithose wurde bald gegen leichte olivgrüne Baumwollhemden und -hosen aus den erbeuteten britischen Nachschublagern eingetauscht. Die schweren Mäntel verwendete man lieber als Decke in den eiskalten Wüstennächten.

Rechts: Neben einer Mauer aus Sandsäcken nutzen Mannschaften und Offiziere die Gelegenheit für ein bisschen Entspannung. Hinter ihnen erstreckt sich die karge Landschaft der afrikanischen Wüste. Zwei der Männer sitzen auf Benzinkanistern. Beide Männer tragen die Feldmütze des Deutschen Afrikakorps. In Nordafrika sah man in den Reihen der Wehrmachtangehörigen verschiedenste Uniformstile, doch die bleichende Wirkung von Hitze, Sonne und Wüstenluft ließ die Uniformen bald schmutzig aussehen und bewirkte eine Veränderung der Originalfarben, wodurch sie kaum mehr voneinander zu unterscheiden waren.

DIE KRISE IN DER WÜSTE

BLITZKRIEG

Oben: Ein britischer Kampfpanzer Mk VI »Crusader« I hat einen Volltreffer von der deutschen Panzerabwehr erhalten, als er sich aus der Cyrenaika zurückziehen wollte. Er war einer der auffälligsten britischen Panzer, rangierte wegen seiner unzureichenden Konstruktion aber in der unteren Klasse, was den Gefechtswert anbelangte. In der nordafrikanischen Wüste kam er im Juni 1941 zum ersten Mal zum Kampfeinsatz und da zeigten sich auch schon die ersten Probleme. Der Kampfpanzer Mk VI »Crusader« I hatte eine Fünf-Mann-Besatzung und seine Hauptbewaffnung war eine Zwei-Pfünder-Kanone (4 cm). Die Sekundärbewaffnung bestand aus zwei 7,92-mm-Besa-Maschinengewehren (ein koaxiales im Frontturm). Der Panzer hatte ein Gewicht von 19,3 Tonnen und eine Höchstgeschwindigkeit auf der Straße von 43 km/h mit einem Fahrbereich von 160 km.

Rechts: Deutsche und britische Gefallenengräber am Wegrand erinnern die vorbeifahrenden Soldaten an die Opfer des Wüstenkriegs, der ein blutiger Zermürbungskampf war. Allein in der Operation »Crusader« gab es auf deutscher Seite 38.000 Gefallene, Verwundete oder Vermisste. Bis Mai 1941 war dem Afrikakorps klar, dass die Briten ihre Kräfte verzweifelt zu schonen versuchten. Rommel, der den Briten wie immer keine Zeit für Umgruppierungen und das Heranführen neuer Panzer geben wollte, war jedoch entschlossen, die Gelegenheit zu nutzen, auch wenn dies mit großen Opfern verbunden war. Was folgte, war eine Reihe verlustreicher Panzerschlachten.

DIE KRISE IN DER WÜSTE

Rechts: Ein Soldat des Afrikakorps in seinem gepanzerten Wagen. Er hat allen Grund zu lächeln, denn dem Afrikakorps war es gerade gelungen, den Halfaya-Pass zu halten. Der Angriff auf den Halfaya-Pass war äußerst effektiv, und Major Bachs Männer kämpften mit größtem Eifer. Obwohl es ihnen an geeigneten Waffen gegen die britischen Matilda-Panzer fehlte, setzten sie einige außer Gefecht, und die Briten zogen sich zurück und ließen 500 Gefangene zurück. Interessant ist das Tarnzelt oder Vordach am Rücksitz. Wenn das Fahrzeug abgestellt und für die Nacht eingegraben wurde, wurde das Zelt bzw. Vordach als zusätzlicher Schutz gegen die rauen Bedingungen in der Wüste daran befestigt.

Oben: General Kesselring und ein Offizier der italienischen Luftwaffe wurden gerade mit einer italienischen Savoia-Marchetti SM 79-II nach Nordafrika geflogen. Gut zu sehen ist der Tarnanstrich. Die Savoia-Marchetti war einer der wichtigsten italienischen Bomber im Zweiten Weltkrieg. Sie diente häufig für normale Bombeneinsätze und war damals wohl einer der besten Torpedobomber. Sie trat auf mehreren Kriegsschauplätzen in Erscheinung, darunter in Nordafrika, auf dem Balkan und im Mittelmeerraum, manchmal wurde sie als großer schneller Bomber gegen Seeziele eingesetzt. Angetrieben wurde die dreimotorige Maschine von 1000-PS-Piaggio-P.XI-RC40-Motoren. Die Höchstgeschwindigkeit betrug 434 km/h und das maximale Startgewicht 11.300 kg. Die Hauptbewaffnung bestand aus einem 12,7-mm-MG Breda-SAFAT am Cockpitdach. Torpedos konnten außen an der Maschine angebracht werden.

161

Unten: Die Heckansicht einer Focke-Wulf FW 189a-2, die vom Bodenpersonal gewartet wird. Diese Maschine war ein Aufklärungsflugzeug mit Doppelrumpf und stark verglaster Kanzel. Dieses Flugzeug war äußerst manövrierfähig und robust. Hauptsächlich diente es für die Aufklärung in Nordafrika, obwohl es später im Krieg als Nachtjäger eingesetzt wurde. Die Besatzung bestand aus zwei Mann, angetrieben wurde die Maschine von zwei Zwölfzylinder-Kolben-V-Reihenmotoren Argus AS 410A-1 mit 465 PS. Die Höchstgeschwindigkeit betrug 335 km/h, die maximale Reichweite 670 km. Die Bewaffnung bestand aus einem 7,92-mm-MG 17 am Flügel und zwei 7,92-mm-MG 81, außerdem konnte sie an den Aufhängungen unter den Tragflächen vier 50-kg-Bomben tragen.

DIE KRISE IN DER WÜSTE

Oben: Eine Dornier-Besatzung beim Beladen des Flugzeugs. Das Afrikakorps wurde bei vielen Operationen von der Luftwaffe unterstützt. Als Fazit aus dem erfolgreichen Blitzkrieg gegen den Westen im Jahre 1940 stellte Rommel klar, dass nicht nur der Einsatz der Luftwaffe und die so wesentliche Nahunterstützung für die Bodentruppen wichtig waren, sondern für die unter den Wüstenbedingungen kämpfenden Truppen auch die Versorgung aus der Luft. Die Luftwaffe war ein wesentlicher Faktor des Blitzkriegs. Rommel und Kesselring waren sich beide der immer stärkeren Luftüberlegenheit der Alliierten bewusst, die in allen bevorstehenden Schlachten der entscheidende Faktor sein sollte.

Oben: Ein Soldat vor einer abgeschossenen britischen Curtiss Kittyhawk, dem britischen Gegenstück zur P-40E Warhawk im Dienst des US Army Air Corps. Das geschlossene Cockpit und der große äußere Schaden der Maschine lässt darauf schließen, dass der Pilot den Absturz eher nicht überlebt hat. Die Kittyhawk löste die Tomahawk ab und wurde hauptsächlich als Jagdbomber eingesetzt. Im Vergleich zur Messerschmitt 109 schnitt sie in mittleren und größeren Flughöhen nicht gut ab, war aber im Tiefflug ein besserer Jäger als die Hawker Hurricane, das andere Jagdflugzeug, das damals auf alliierter Seite in Dienst stand. Sie hatte zweifellos einen großen Beitrag zu den Kriegsanstrengungen der Alliierten in Nordafrika geleistet. Dagegen erhielt das Afrikakorps, besonders nach dem Überfall auf die Sowjetunion im Juni 1941, nie so viel Unterstützung durch die Luftwaffe wie von Rommel gefordert.

Oben: Eine Gruppe hochrangiger Offizier der Luftwaffe bespricht die geplante Luftunterstützung in Nordafrika. Links mit der weißen Offiziersschirmmütze ist Feldmarschall Kesselring zu sehen, der Oberbefehlshaber Süd, der sich mit Rommel die Leitung des Nordafrikafeldzugs teilte. Für die Operationen in Afrika hatte Kesselring keinen interalliierten Stab organisiert, sondern den Stab der Luftflotte II mitgebracht. Er gab seinen Offizieren unmissverständlich zu verstehen, dass der Schwerpunkt des Krieges gegen England im Mittelmeer lag. Hitler und Göring hatte er bereits auf die Eroberung Maltas gedrängt, das den Briten immer noch die Möglichkeit gab, den Nachschub nach Nordafrika ernsthaft zu stören. Sizilien, Kreta und die Ägäis bereiteten ebenfalls Probleme.

Unten: Ein Fieseler Storch mit Feldmarschall Kesselring an Bord verlässt eine Startbahn für einen kurzen Rundflug über die Libysche Wüste. Der Fieseler Fi 56C Storch war vermutlich eines der beliebtesten Flugzeuge bei der Luftwaffe, besonders in der Wüste. Er wurde hauptsächlich als Verbindungs-, aber auch als Aufklärungsflugzeug eingesetzt. Er war äußerst anpassungsfähig und spielte bei dem schnellen Vormarsch und den sich ständig verschiebenden Frontlinien in der Wüste eine wichtige Rolle. Dieses ausgezeichnete STOL-Flugzeug bot der Besatzung perfekte Sicht. Die hier abgebildete Maschine hatte wie die meisten in Nordafrika im Einsatz befindlichen Fieseler Storch einen sandfarbenen Anstrich. Interessant sind die Rufzeichen an der Seite des hinteren Teils anstatt des üblichen Staffelzeichens.

DIE KRISE IN DER WÜSTE

Oben: Feldmarschall Kesselring besucht mit zwei Stabsoffizieren Angehörige der Luftwaffe in der Wüste. Kesselrings Besuche dienten nicht nur zur Überwachung der Operationen in Nordafrika, sondern sollten die Männer der Luftwaffe auch zum Improvisieren ermutigen, denn wie Rommel war er sich vollkommen darüber im Klaren, dass sich die Männer erst an das extreme Klima, Gelände und die Vegetation gewöhnen mussten. Hier hatten sie nicht nur gegen einen neuen Gegner zu kämpfen, sondern auch gegen die Natur. Wenn sie sich erst einmal akklimatisiert hatten, waren Mannschaften und Offiziere jeder Aufgabe gewachsen, vor die der Gegner sie stellte.

Oben: Rommel, hier mit Rettungsweste, kurz vor dem Rückflug nach Italien in einer Heinkel 111. Rommel war absolut überzeugt von der beweglichen Kriegsführung und hielt es für das Beste, seine Panzertruppe von der Front aus zu führen, oder wie er sagte, »vom Sattel«. Während der Wüsteneinsätze wurde Rommel immer wieder im vordersten Panzer, beim Kommandanten des vordersten Zugs oder der vordersten Kompanie gesehen. Er war an der Spitze einer Panzerkolonne und gab Feuerbefehle wie ein Obergefreiter. Mit Energie und Begeisterung ermutigte er seine Männer, die vielleicht gerade unter dem feindlichen Feuer zusammenkauerten, wie eine Art mystischer Krieger, vorwärts zu stürmen und zu schießen. Wenn er die Front verlassen und nach Italien oder Deutschland musste, war er unruhig. Er befürchtete, dass es ohne seine kompetente Führung zu Rückschlägen im Wüstenkrieg kommen würde.

DIE KRISE IN DER WÜSTE

Oben: Der »Wüstenfuchs«, General der Panzertruppen Erwin Rommel, berät mit zwei Stabsoffizieren die nächsten strategischen Schritte in der Wüste. Beide Männer tragen Mäntel und Wehrmachttaschenlampen. Rommel trägt seine berühmten von den Briten erbeutete Brille, von der er sich selten trennte. Es war nicht leicht, unter ihm zu dienen. Wie viele deutsche Kommandeure hatte er seinen eigenen Führungsstil, wie er es eben in den Schützengräben des Ersten Weltkriegs und dann 22 Jahre später in Frankreich gelernt hatte. Aber die Energie, die von ihm auf dem Schlachtfeld ausging, hinterließ bei jedem seiner Soldaten einen unauslöschlichen Eindruck.

Oben: Bevor sie an die Front gehen, salutieren zwei Kommandeure vor ihren Männern. Das Foto muss zu Beginn des Nordafrikafeldzugs aufgenommen worden sein, da die Soldaten im Hintergrund die Tropenhelme der Wehrmacht tragen, die in der späteren Phase des Feldzugs nicht mehr verwendet wurden. Am Helm waren an beiden Seiten Wappenembleme aus Metall angebracht: auf der rechten Seite die Reichskokarde in den Farben Schwarz-Weiß-Rot, auf der linken Seite ein mattsilberner Wehrmachtsadler auf schwarzem Untergrund.

167

Unten: Ein Major macht sich ein paar Notizen, als Unterlage dient ihm seine Ledermappe. Er trägt einen Mantel und die Afrikakorpsfeldmütze, den wohl bekanntesten Teil der Tropenuniform. Die Feldmütze bestand aus olivgrünem Stoff, der auch mehr ins Braune oder Grüne gehen konnte, und hatte ein hellrotes Innenfutter. Zu erkennen sind auch der falsche Mützenumschlag und die zwei Luftösen. Der maschinell gewebte Adler war aus einem blassen Blaugrau. Beim Mantel handelt es sich um die Tropenversion aus eher dunkelbraunem Wollstoff. Im Gegensatz zu der auf dem europäischen Festland getragenen Version ist dieser Mantel zweireihig mit jeweils sechs farbigen Knöpfen und hat in Kontrast zum Uniformtuch einen dunkelgrünen Kragen. Die Schulterklappen kennzeichnen den Rang eines Majors.

DIE KRISE IN DER WÜSTE

Oben: Zwei Ju 52-Transportmaschinen auf einer improvisierten Start- und Landebahn in der Wüste. Diese für das Afrikakorps so wichtigen Flugzeuge brachten regelmäßig große Mengen an Nachschub und Truppen von Italien nach Libyen und wurden liebevoll als »Tante Ju« bezeichnet.

Unten: Anfang April 1941 – Rommels Afrikakorps vertreibt die Briten aus der Cyrenaika. Von einem Artilleriebeobachtungsposten sieht man die unter schwerem Artilleriefeuer liegenden britischen Stellungen. In der Ferne sind hinter dem Rauch feindliche Fahrzeuge gerade noch zu erkennen. Sie ziehen sich vor den systematischen Bombardierungen zurück. Am 4. April 1941 setzten Rommels gemischte Verbände in der prallen Mittagssonne mit drei Spitzen zum Angriff über die raue Wüste der Cyrenaika an Richtung ägyptische Grenze. »In der Cyrenaika«, schrieb ein General der Luftwaffe, »kommt man fast nur auf der Wüstenstraße voran … Dann plötzlich fährt man in dieser öden Landschaft aus Sand und Steinen zwischen Zelten, Schaf- und Kamelherden der Araber durch, von denen kein Europäer etwas weiß … je weiter östlich man auf der Wüstenstraße kommt, desto unwirtlicher wird das Land: Während rund 50 km östlich von Bengasi der Einfluss der italienischen Kolonialherren noch offensichtlich ist, gibt es um Derna und Tobruk kein Anzeichen mehr von Menschenleben …«

169

Unten: Eine Fahrzeugkolonne von Rommels gemischten Verbänden auf dem Vormarsch durch die Cyrenaika. Eines der Fahrzeuge, ein schwerer Horch-Geländewagen (Kfz 15), zieht eine 3,7-cm-Panzerabwehrkanone. In der Trockenheit dieser Landschaft stiegen die Temperaturen bei Tag auf über 50° C und sanken bei Nacht bis auf den Gefrierpunkt. Nicht nur die Fliegen, Sandvipern und Skorpione waren eine Plage, sondern auch der feine Sand, der in jedes Kleidungsstück eindrang. Man hatte ihn in den Augen in und der Nase, er wurde ins Zelt geblasen und verstopfte die Filter der Motoren. Sandstürme waren gefürchtet, besonders wenn man mit dem Fahrzeug unterwegs war. In diesen Stürmen mit über 100 km/h versanken Räderfahrzeuge bald bis zu ihrer Achse in den Sandverwehungen. Lastwagen, die sie umfahren wollten, blieben ebenfalls hängen. Manchmal saßen auch Panzer und andere Kampfwagen fest, weil das Motoröl überhitzt war. Viele Männer hingen oft stundenlang fest in der Gluthitze des Tages oder der eisigen Kälte der Nacht.

Oben: Deutsche Infanterie auf dem Vormarsch während des Eröffnungsangriffs auf Tobruk am 10. April 1941. Die Soldaten tragen alle den Stahlhelm M1935. Die in Nordafrika und anderen Ländern mit heißem, trockenem Klima ausgegebenen Helme durften sich nicht vom gelben Sand und Boden abheben. Feldgraue Helme wurden daher mit einer sandig gelbbraunen Farbe übermalt, manchmal wurde sogar Sand in die nasse Farbe gemischt, wodurch sie eine perfekte, nicht reflektierende Oberfläche erhielten. Keiner der Soldaten trägt kurze Hosen, denn diese waren im Kampfgebiet wegen Verletzungsgefahr an den Beinen durch Felsen und Sand verboten. Im Vordergrund sieht man, wie drei Soldaten mit geschulterten MG 34 an einem zerschossenen Fahrzeug vorbeimarschieren.

DIE KRISE IN DER WÜSTE

Unten: Eine Gruppe von Stabsoffizieren bespricht anhand von Karten den weiteren Vormarsch durch die Wüste. Der von General Gause geführte Stab war sehr klein, leistete aber hervorragende Arbeit. In der Führungsabteilung waren nur zwei Offiziere für Einsatz und Führung verantwortlich, drei für Nachrichtenwesen. Die Quartiermeisterabteilung, die für die gesamte Versorgung verantwortlich war, wurde von nur einem Generalstabsmajor geführt. Mit den für Personalangelegenheiten verantwortlichen Adjutanten, dem Kommandanten des Stabsquartiers, den Ordonnanzoffizieren sowie dem Divisions-Artillerieführer, Pionierführer, Nachrichtenführer, Waffen- und Geräteoffizieren und dem Kommandeur der Sanitätstruppen umfasste Rommels Militärstab insgesamt rund 21 Offiziere.

Oben: Bei Tobruk werden im April 1941 Stellungen gegraben. Eine 3,7-cm-Pak 35/36 soll wenigstens etwas Schutz in der offenen Wüste bieten. Einer der Männer bleibt hinter den Sandsäcken und dem Schild in Deckung. er ist sich bewusst, dass er durch die Kanone ein gutes Ziel abgibt. In der Ferne sieht man Fahrzeuge Richtung Front fahren. Das Fahrzeug hinter der Panzerabwehrkanone ist ein SdKfz 263. Die meisten in der Wüste eingesetzten Fahrzeuge wurden mit einem Gemisch aus Sand und Schlamm getarnt. Als zusätzliche Tarnung wurden manchmal Gräben ausgehoben, um die Fahrzeugsilhouette niedrig zu halten und den Reifen und Ketten etwas Deckung zu geben.

BLITZKRIEG

Oben: Eine Gruppe von PzKpfw III der 5. leichten Division auf dem Vormarsch durch die Wüste Richtung Tobruk. Wahrscheinlich handelt es sich um die Ausführung G, von der besonders in der Anfangsphase des Feldzugs viele in der Wüste zum Einsatz kamen. Der PzKpfw III schlug sich ausgezeichnet und »besiegte« in den frühen Feldzügen des Blitzkriegs jeden Gegner, trotz seiner Verluste gegenüber der polnischen Panzerabwehr. Er wurde als die erste in Serie produzierte Version dieses Panzertyps in Dienst gestellt. Mit seiner 5-cm-KwK L/42 war er in der ersten Hälfte von 1941 der stärkste Panzer in Nordafrika.

Unten: Die Besatzung eines SdKfz 251 südlich von Tobruk im Mai 1941. Interessant ist das auf das Halbkettenfahrzeug montierte MG 34, das zum Schutz gegen den Wüstensand in Zeltleinwand eingehüllt wurde. Das Fahrzeug ist mit einem Verdeck ausgestattet und trägt höchstwahrscheinlich auch den weißen Querstreifen für die Erkennung aus der Luft. Es trägt den sandfarbenen Tarnanstrich und führt den Wimpel des Divisionskommandos, um die Anwesenheit eines Offiziers zu kennzeichnen. Wenn der Offizier nicht im Fahrzeug war, wurde der Wimpel entfernt oder abgedeckt.

DIE KRISE IN DER WÜSTE

Oben: In Anwesenheit von drei seiner Kommandanten ändert Rommel noch ein paar Details auf einer Karte, Mai 1941. Beobachtet wird die Gruppe von einem neugierigen Besatzungsmitglied eines PzKpfw IV durch die einteilige Einstiegsluke in der Turmseite. In der Wüste war der Panzer das Hauptkampfmittel. Für alle Panzerbesatzungen, die an Rommels Blitzkriegfeldzug teilnahmen, war die Wüste ein perfektes Schlachtfeld. Zwar hatten sie Angst bei dem Gedanken daran, eine Mine oder Granate könnte ihre Kette wegreißen oder sie könnten in einem brennenden Panzer gefangen sein, aber trotzdem waren sie eine durch die erlebten Gefahren zusammengeschweißte Elitetruppe mit großem Kampfgeist. Unter den glühenden Wüstentemperaturen konnte es im Innern eines Panzers unerträglich heiß werden.

Unten: Diese Fahrzeuge des 5. Panzerregiments der 5. leichten Division, aus der zunächst der im Februar 1941 in Tobruk eingetroffene »Sperrverband« bestand, sind im Mai 1941 zum Stehen gekommen. Das linke ist ein SdKfz 223. Dahinter ein Volkswagen Typ 82 166 Kfz 1 Mannschafts-Kraftwagen (le.gl.Pkw). Beim dritten Fahrzeug handelt es sich um eine frühe Ausführung des SdKfz 263 Panzerfunkwagen. Wie die meisten Funkwagen dieser Art war er mit einer weit reichenden Funkanlage und einer großen Stabantenne ausgerüstet. Die Nachrichtenabteilungen waren der Lebensnerv jedes schnell vorrückenden Panzerverbandes, und in der Wüste wurde von den Truppen Funk in großem Rahmen eingesetzt. Diese Funkwagen waren mit dem Divisionshauptquartier verbunden.

173

BLITZKRIEG

Oben: Britische Soldaten wurden vom 8. Panzerregiment beim Halfaya-Pass gefangen genommen und werden nun mit einem SdKfz 251 Halbkettenfahrzeug ins Hinterland transportiert. Dieses Foto wurde im Juni 1941 gemacht, als die Briten bereits mit der Operation »Brevity« unter der Führung von Brigadier Gott begonnen hatten. Britische Kräfte hatten den Halfaya-Pass erfolgreich angegriffen und zurückerobert. Dann rückten sie bis zum Fort Capuzzo vor, trafen aber auf einen Gegenangriff des Afrikakorps.

Bis 27. Mai hatten die Briten den Pass verloren und mussten zurückweichen. Nach »Brevity« kam Mitte Juni die Operation »Battleaxe«, die einzig und allein das Ziel hatte, Rommels Verbände westlich von Tobruk zu vernichten und einen entscheidenden Sieg für den Befehlshaber der britischen Kräfte, General Wavell, zu erringen. Das Afrikakorps konnte jedoch den Halfaya-Pass halten und versetzte Rommel damit in die Lage, den Gegner mit einem brillanten, weiträumigen Gegenangriff auszumanövrieren.

Oben: Wieder einmal hat ein Erfolg die Lage in der Wüste nach der gescheiterten britischen Operation »Battleaxe« Mitte Juni 1941 gerettet. Soldaten des 5. Panzerregiments sind südlich von Tobruk zum Stehen gekommen. Rechts ist ein SdKfz 251 zu sehen, links ein schwer beladener PzKpfw III (Ausführung F) mit einer großen Kiste über der Motorraumabdeckung. In der Kiste befindet sich die Ausrüstung, die die Besatzung in der rauen Wüste benötigt. Als das Afrikakorps in der Wüste ankam, waren das 5. und 8. Panzerregiment jeweils in zwei Bataillone mit je drei Kompanien unterteilt. Im folgenden Jahr hatten sie ihre Gliederung auf drei Bataillone mit je drei Kompanien geändert. Wie in Polen und Frankreich hing der Erfolg des Panzerregiments in der Wüste vom schwerpunktmäßigen Einsatz einer großen Zahl von Kampfwagen ab, mit denen in die Schwachstellen des Gegners gestoßen wurde. Diese Blitzkriegstaktik wurde gegen die Briten wiederholt mit großer Wirkung angewendet.

DIE KRISE IN DER WÜSTE

Oben: Zelte gehörten in Nordafrika zum Alltag. Sie waren äußerst praktisch und ließen sich leicht aufstellen. Erst wurde ein Graben ausgehoben, der tief und breit genug war, um ein Zelt aufzunehmen. Die Seiten wurden normalerweise zum Schutz gegen Sandstürme und den schweren nächtlichen Tau mit Sandsäcken befestigt. Mit Sand gefüllte Dosen und Kisten gaben dem Ganzen den letzten Schliff, so musste der Soldat nicht befürchten, dass ihm während des Schlafes plötzlich auftretende Stürme das Zelt wegrissen. Im Zelt waren die Männer dicht zusammengedrängt und ständig geplagt von Sandflöhen, Schlangen und gelben Skorpionen.

BLITZKRIEG

Oben: Einer der besten Plätze für ein Zelt war hinter einer Felswand. Da hatte man nicht nur zusätzlichen Schutz gegen die Sandstürme, sondern war auch gut getarnt und vor einem Angriff relativ sicher. Aber nicht nur in dieser Beziehung mussten sich die Soldaten schnell an ihre ungewohnte Umgebung anpassen, sie mussten in der Wüste auch noch kämpfen, arbeiten, leben, essen und schlafen. Wenn gerade nicht gekämpft wurde, entledigte man sich in der Hitze seiner Uniform und wechselte in kurze Hosen und leichte Schnürschuhe.

Rechts: Ein gut getarnter Unterstand an der Front im Juni 1941. Wenn sie einen geeigneten Ort für die Verteidigung oder den Angriff gegen Panzer oder eine angreifende mobile Kolonne gefunden hatten, gruben sich die Soldaten ein, befestigten ihre Stellung mit Sandsäcken und tarnten sie mit Netzen. Als zusätzlicher Tarnschutz wurden Laub und Felsbrocken, was man eben gerade fand, auch noch zum Unterstand gebracht. Vor allem in vorgeschobenen Beobachtungsposten wickelten sich die Soldaten oft in eine Tarndecke und gruben sich in den Sand ein.

DIE KRISE IN DER WÜSTE

BLITZKRIEG

Oben: Oberstleutnant Baron Irnfried von Wechmar in einem Horch-Geländewagen Kfz 15. Das Foto wurde westlich von Bengasi geschossen, als sein III. Aufklärungsbataillon den Befehl erhielt, an der Küste auf Bengasi vorzurücken. Er trägt den Standardtropenhelm, der 1941 in großer Zahl an die Truppen ausgegeben wurde. Bei den Soldaten war der Helm nicht sehr beliebt und wurde fast durchwegs gegen die Feldmütze eingetauscht, hinter der Frontlinie wurde er bei halbformellen Anlässen, darunter bei Paraden und Zeremonien, aber weiterhin getragen.

Unten: Ein weiteres Foto von Oberstleutnant Wechmar, der gerade mit einem italienischen Offizier in einen Wagen steigt. Er trägt die Offiziersfeldmütze des Afrikakorps. Um der Mütze Steifheit zu verleihen, wurde die obere Deckelnaht und der vordere Teil des falschen Umschlags mit Aluminiumgespinst paspeliert. Wie bei allen Rängen befanden sich Adler und Reichskokarde auf der Mütze, zusätzlich war ein verkehrtes »V« in der Waffenfarbe aufgenäht.

BLITZKRIEG

Oben: Oberstleutnant von Wechmar mit anderen hochrangigen Offizieren beim Essen. Diese Aufnahme stammt vom 6. April 1941, nur zwei Tage bevor Wechmars Aufklärungstruppen, als sie im Norden von Bengasi zum Stehen kamen, bei Charruba nach Osten drehten und sich der Schlacht bei Mechili anschlossen. In Mechili blieb die 5. leichte Division für die Durchführung wichtiger Wartungsarbeiten stehen, nachdem sie britische Truppen aus der Cyrenaika gedrängt hatte. Wie Rommel wusste auch Wechmar, dass der Erfolg in Nordafrika einzig und allein vom Nachschub abhing. Er hatte den Angehörigen seines Stabs deutlich erklärt, dass die Nachschublinie von Tripolis wie ein Gummiband eine Armee zurück oder nach vorne schnellen konnte, wenn man sie überdehnt.

Oben: Mit Hilfe einer Karte gibt Rommel vor einem Angriff seinen Panzerkräften noch letzte Anweisungen. Vor einem Angriff verbrachte das Afrikakorps einen großen Teil des Tages mit Aufklärungen im betreffenden Gebiet, für die Panzerwagen sowie kleinere Einheiten von Infanterie und Panzern eingesetzt wurden. Als Nächstes wurden Panzerabwehrkanonen und Panzer, unterstützt von der motorisierten Infanterie, in Schussweite zum Feind gebracht. Bis Mitte des Nachmittags wurde dann der Angriff mit Panzern – unterstützt von Feuer aus Artillerie und schwereren Panzern – eröffnet, die auf die britischen Feld- und Panzerabwehrstellungen vorstießen.

Unten: Ende Juni 1941. Dieser Offizier vor dem Zelt trägt die typische Feldbekleidung der Offiziere: das Hemd der feldgrauen Uniform mit olivgrünen Hosen, die Feldmütze des Afrikakorps und hohe Schnürstiefel. Das Hemd der Afrikauniform hatte zwei Brusttaschen mit Quetschfalte und festgeknöpfter Taschenpatte sowie zwei Knöpfe an den Manschetten. Die Hemdsärmel konnten entweder zugeknöpft oder aufgerollt getragen werden. Bemerkenswert ist auch, wie tief der Graben für das Zelt ausgehoben wurde. Die meisten waren nur 1,2 m tief.

BLITZKRIEG

Oben: Ein Offizier und sein Fahrer von der 15. Panzerdivision halten für ein Picknick am Straßenrand. Der Kofferraum ist mit unterschiedlichster Ausrüstung beladen, darunter der Koffer des Offiziers. Er ist vermutlich zu einer anderen Einheit versetzt worden, da scheinbar die meisten seiner Sachen im Kofferraum verstaut sind. Die 15. Panzerdivision traf gleich nachdem Rommel Bengasi eingenommen hatte, im April 1941 in Nordafrika ein. 1941 waren die Soldaten der 15. Panzerdivision ohne Unterbrechung in heftige Gefechte mit ihren nicht unterzukriegenden Gegnern verwickelt, und ein paar Monate nach ihrer Ankunft in der Wüste war ihnen nur mehr eine Hand voll einsatzfähiger Panzer geblieben, die sich schließlich für Reparaturen zurückziehen mussten. Erst im Januar des folgenden Jahres konnte die Division mit weiteren Verstärkungen wieder in die Offensive gehen.

Rechts: Verlassene britische Stellungen Mitte Juni 1941 bei Sollum. Dort tobte in der sengenden Hitze und unter Staubwolken eine blutige und wilde Schlacht mit Panzern und Infanterie. Obwohl sie gegen eine ungleiche Panzerstärke ankämpften, brachten Rommels überlegene Taktiken, gepaart mit dem hartnäckigen Widerstand der deutschen und italienischen Soldaten, den so dringend nötigen Sieg. Meilenweit lagen die Trümmer der Schlacht über die Wüste verstreut, dazwischen die Toten beider Seiten. Hier wurden unversehrte Munitionskisten zurückgelassen, darunter auch einige Gewehre und Teile der Ausrüstung.

DIE KRISE IN DER WÜSTE

Oben: Der Beobachtungstrupp einer Flak-Einheit überwacht als Teil der Unterstützungseinheiten der 15. Panzerdivision den Himmel. Die Männer haben ein Flugzeug entdeckt, aber ein deutsches, sonst würden sie nicht so ruhig bleiben. Ein Fliegerabwehrbataillon umfasst gewöhnlich zwei schwere Batterien, jede mit vier gezogenen 8,8-cm-Geschützen, und eine leichte Batterie mit 2-cm- und 3,7-cm-Kanonen.

BLITZKRIEG

Unten: Angehörige eines Regiments des Afrikakorps bei einer Rast unter einem Vordach. Diese Foto wurde im Juni 1941 aufgenommen, als viele Soldaten voller Zuversicht auf den Endsieg und schon in »Kairostimmung« waren. Aus diesem Bild geht deutlich hervor, dass sich die Männer inzwischen an die Bedingungen in der Wüste besser angepasst haben. Später in diesem Sommer wurde das Afrikakorps verstärkt und in »Panzergruppe Afrika« umbenannt. Es verfügte nun über sechs italienische Divisionen sowie die 15. und 21. Panzerdivision und die 90. leichte Division, die Einheiten der 5. leichten Division umfasste. Die Gesamtstärke betrug nun rund 55.000 Mann.

Rechts: Gut gepflegte deutsche Gefallenengräber südlich von Tobruk im Juni 1941. Tobruk war der wichtigste Hafen in Nordafrika, aber die Stadt war von den Briten besetzt. Rommel war entschlossen, sie um jeden Preis zu erobern. Tobruk wurde jedoch von einigen der zähesten Truppen des Britischen Reichs verteidigt, und sie waren bereit, in diesem Kampf bis zum Äußersten zu gehen. Die erste Schlacht um Tobruk erwies sich als völliges Desaster für Rommel, der Hunderte seiner besten Soldaten verlor. Widerwillig sah er ein, dass die Verteidiger nur durch unaufhörliche Bombardierungen zermürbt werden konnten, also umging er Tobruk und trieb das Gros seiner Männer weiter nach Sollum.

DIE KRISE IN DER WÜSTE

Links: Unter der glühend heißen Mittagssonne studieren zwei Offiziere, einer mit einem Feldstecher, anhand einer Karte die umliegende Landschaft. Von der Art her sind die Feldblusen und Feldmützen ihrer Afrikauniform gleich, man hat aber den Eindruck, als ob eine davon weiß ist. Sie wurde aber offensichtlich nur von der Sonne ausgebleicht. Auf den Uniformen sind auch die silbernen Brustadler der feldgrauen Uniform angebracht sowie die Kragenpatten der Tropenuniform. Bei den hier abgebildeten Uniformen handelt es sich um frühe Modelle, was an den Taschen mit Quetschfalte und abgerundeten Taschenpatten zu erkennen ist.

BLITZKRIEG

Oben: Die zwei Gesichter der Achse – ein italienischer und ein deutscher Offizier bei einer Rast im Schatten eines Lastwagens, um der glühenden Sonne zu entkommen. Die Beziehungen zwischen den Deutschen und ihren Verbündeten waren nicht immer ideal. Einige italienische Verbände wurden von den deutschen Einheiten als ebenbürtig angesehen, besonders Verbände wie die Division »Ariete«. Aber italienische Einheiten mit hoher Kampfmoral waren schlechter ausgerüstet als ihre deutschen Partner und auch ihre alliierten Gegner. Ein Beispiel dafür war der Panzer M13/40, der schwach gepanzert und bewaffnet, zu langsam und unzuverlässig war. Viele wurden von den Alliierten auf ihrem Vormarsch 1940 zerstört oder erbeutet, und es gab keinen passenden Ersatz. Andere italienische Verbände waren weniger zuverlässig und wurden meist als Unterstützungseinheiten für die besser ausgerüsteten und motivierteren deutschen Einheiten herangezogen.

Oben: Ein Kradfahrer lädt gerade einen Zeltsack von einem Lager im Freien auf seinen Seitenwagen. Diese Kräder mit Seitenwagen waren für die Bewaffnung mit einem MG 34 als auch kleineren Gewehren der Kradbataillone ausgelegt. Obwohl die Beförderung übergroßer und schwerer Gegenstände strengstens verboten war, taten dies die Fahrer auf eigene Gefahr. In der Wüste war das Krad besonders flexibel und kam schnell vorwärts. Es eignete sich für schnelle Vorstöße über den staubtrockenen Boden, um wichtige Punkte zu besetzen und schwache feindliche Kräfte zu bekämpfen. Besonders bei Nacht waren sie eine wertvolle Unterstützung bei einem Panzerangriff. In Nordafrika umfasste ein Kradbataillon eine Stabskompanie, drei Schützenkompanien, eine MG-Kompanie und eine schwere Kompanie. Alle waren mit denselben Waffentypen ausgerüstet wie die Panzergrenadierbataillone, zusätzlich aber noch mit insgesamt 271 Krädern.

Rechts: Am 18. November 1941 kehrte Rommel von einem Romurlaub mit seiner Frau nach Afrika zurück. Diese seltene Foto wurde in Gambut aufgenommen, wo seine neue »Panzergruppe Afrika« das Hauptquartier aufgeschlagen hatte. Der Himmel war an diesem Tag grau, es war kalt, und es hatte heftig geregnet. Sintflutartige Flüsse hatten sich gebildet, die Zelte, Ausrüstung und sogar Soldaten mitrissen. Die Situation verschlimmerte sich noch weiter, als durch die Wassermassen Minen ausgelöst wurden. In der Folge wurden vorbeifahrende Fahrzeuge umgeworfen und es gab mehrere Todesopfer. Mitten in diesem Unwetter erhielt Rommel die Meldung, dass die Briten zu weiträumigen Bewegungen nordwestlich des Forts Maddalena an der ägyptischen Grenze angesetzt hatten. Rommel wusste nicht, dass das der Beginn der britischen Offensive Operation »Crusader« war. Aus irgendeinem Grund hatte ihn zum ersten Mal sein sagenhafter »sechster Sinn« für die Bewegungen des Gegners im Stich gelassen. Ja er glaubte anfangs nicht einmal, dass die Briten eine groß angelegte Offensive gestartet hatten. Während er noch über die Vorgehensweise des Gegners debattierte, wandte dieser dieselben Angriffsmethoden an, die Rommel so oft und wiederholt in der Wüste vorexerziert hatte.

BLITZKRIEG

Oben: Ein außer Gefecht gesetzter britischer Matilda-Panzer während der Operation »Crusader« im November 1941. Über ein Wüstengebiet von rund 130 km² von der ägyptischen Grenze im Osten bis zur Straße südlich von Tobruk im Westen kämpften Panzer gegen Panzer. Bald war das Schlachtfeld übersät mit Toten und ausgebrannten Panzerkolossen. Unter fürchterlichen Verlusten gelang es Rommel, der britischen Offensive die Spitze zu nehmen. Obwohl zahlenmäßig den Briten unterlegen, wollte er sie um jeden Preis daran hindern, sich einen Korridor nach Tobruk zu erkämpfen, und war bereit, noch mehr Männer in die Schlacht zu werfen.

Unten: Ein leichter Horch-Geländewagen Kfz 15 hält in der Wüste. Auf der Nummerntafel am rechten Kotflügel des Fahrzeugs steht WH 702 460. Außer Panzern, Vollkettenfahrzeugen und Geschützen auf Selbstfahrlafetten trugen alle deutschen Fahrzeuge diese Nummernschilder. Sie dienten für die meisten bei der Wehrmacht in Dienst stehenden Fahrzeuge zur Identifikation. Die vorangestellten Buchstaben kennzeichneten die Wehrmachtsteile, denen ein Fahrzeug zugeteilt war. Die ersten beiden Buchstaben »WH« standen für »Wehrmacht Heer«.

DIE KRISE IN DER WÜSTE

Links: Eine andere Ansicht des britischen Matilda-Panzers, der von einem Volltreffer aus einer Panzerabwehrkanone außer Gefecht gesetzt wurde. In der Wüste wurde die Panzerjägerabteilung mit großer Wirkung gegen die britischen Panzer eingesetzt und erzielte beachtliche Erfolge. Eine Panzerjägerabteilung bestand aus drei Kompanien, einer leichten Munitionskolonne mit 10 Lastwagen und einer leichten Nachschubkolonne mit rund 20 Lastwagen. Jede Kompanie erhielt einen leichten Zug von mindestens vier 3,7-cm-Pak, und zwei mittlere mit je drei 5-cm-Pak. Jedes Bataillon hatte 12 3,7-cm- und 18 5-cm-Pak.

Oben: Ein gut eingegrabenes Zelt südlich von Tobruk im Januar 1942. Erde und Sandsäcke wurden zur Befestigung der Zeltseiten verwendet, Felsbrocken sollten verhindern, dass das Dach durch einen Sandsturm beschädigt oder gar weggerissen wurde. Eine Zeltbahn wurde hier sinnvoll als Schutz vor dem Eingang und gegen die Feuchtigkeit eingesetzt. Wenn die Soldaten zu wenige Zelte hatten, wandten sie eine bewährte Methode an und knöpften mehrere Zeltbahnen zu einem Zwei- oder Viermannzelt zusammen.

KAPITEL 7

DER LETZTE AKT

Das Ende des Blitzkriegs in der Wüste

Obwohl Rommels Truppen sich fast 500 km über die Wüste zurückzogen, gab es keine ernsthaften Verluste, sodass die Männer immer noch in der Lage waren, dem Gegner beträchtlich zuzusetzen. Rommel ließ sich wie immer nicht abschrecken und vom Start einer neuen Offensive abbringen. Aber erst musste er seine Truppen mit Nachschub versorgen, auffrischen und umorganisieren, dann plante er, einen Minengürtel mit 100.000 Minen zu legen.

Links: Eine Wasserstelle bei Mersa El Brega, Januar 1942. Leere Benzinkanister werden für die vorbeifahrenden Fahrzeuge mit Wasser gefüllt.
Gegenüber: Ein arabischer Freiwilliger in Tunesien, Januar 1942. Die Vichy-Regierung gliederte Araber, Nordafrikaner und sogar französische Bürger in ihre 400 Mann starke Afrikaphalanx zur Unterstützung des Afrikakorps ein.

In den ersten Januarwochen 1942 besichtigte Rommel unermüdlich seine Einheiten, die sich entlang der Bregafront eingruben. Tagelang brütete er über Karten, Fotos und Berichten des Nachrichtendienstes, um seine Panzergruppen vorzubereiten, aber nicht auf die Verteidigung, sondern auf einen Überraschungsangriff auf den Gegner. Das Reich hielt den Atem an, als Rommel mit den Vorbereitungen für eine weitere Offensive begann, die den Sieg bringen sollte. In Deutschland war er angesehen wie nie zuvor, die Radios plärrten vor Begeisterung für ihren »Wüstenfuchs«. Jetzt ging es darum, dem deutschen Volk einen weiteren spektakulären Sieg zu liefern, um sowohl die Moral in der Bevölkerung als auch das Selbstbewusstsein unter den Soldaten zu heben. Nach wochenlangen Vorbereitungen ging Rommels Überraschungsangriff am 21. Januar 1942 dann wirklich los.

Rommel rückt vor

Dem Afrikakorps gelang es fast auf Anhieb, den verwirrten Gegner zu überlisten, auszumanövrieren und in die Flucht zu schlagen. Wilfred Armbruster, Rommels neuer Dolmetscher, schrieb: »Die Tommies bleiben nicht stehen und kämpfen. Sie haben sich einfach umgedreht und die Flucht ergriffen.« In fünf Tagen hatten die Deutschen 299 feindliche Panzer und Panzerkampfwagen sowie 147 Geschütze ausgeschaltet und erbeutet und 935 Gefangene gemacht. Die Briten befanden sich nun auf vollem Rückzug, und der schwelende Hafen von Bengasi wechselte wieder einmal den Besitzer. In nur zwei Wochen hatte sich Rommel den Weg über die Hälfte der Cyrenaika zurückerobert, und für diesen Erfolg beförderte ihn Hitler zum Generaloberst. Als Hitlers Vertrauen in ihn wieder hergestellt war, wollte Rommel die ganze Cyrenaika zurückerobern, Tobruk einnehmen und auf Ägypten und den Nil vorstoßen.

Im April, nach einer Flaute in den Kämpfen, nahm Rommel heimlich eine Neugruppierung seiner Panzerarmee vor als Vorbereitung auf einen Angriff auf die britische Ghasalalinie, die 64 km westlich von Tobruk von der Küste ins Innere der Wüste verlief. Dass diese gut befestigte Verteidigungslinie, die bereits jetzt durch eine halbe Million Minen gesichert war, nicht leicht zu durchbrechen war, wusste er. Das britische Feldheer musste aber vernichtet werden, doch erst nach der Eroberung Tobruks. Deshalb entschied er sich zu einem außergewöhnlich gewagten Plan und ließ die gesamte Panzerstärke seines Heeres zu einer Umgehung des südlichen Eckpfeilers der Ghasalalinie ansetzen, um den Gegner zu täuschen. Dann wollte er nach Norden vorrücken und Tobruk einnehmen. Rommel war klar, dass er mit einem so kühnen Plan ganz Afrika aufs Spiel setzte, aber für den »Wüstenfuchs« war die Versuchung einfach unwiderstehlich. Tobruk musste um jeden Preis eingenommen werden.

Am 26. Mai 1942, »Tag X« für den Beginn des Angriffs, setzten sich Rommels gesamte Verbände in einer Stärke von 10.000 Fahrzeugen in Bewegung und rollten der untergehenden Sonne entgegen in Richtung Süden. Doch dann griffen plötzlich die Briten an und es herrschte das totale Chaos. Bis

191

BLITZKRIEG

Rechts: Ende Dezember 1941. Ein Krad mit Seitenwagen und ein Opel-Blitz-Lastwagen auf einer Bergstraße bei Mersa El Brega während des Rückzugs des Afrikakorps aus der Cyrenaika. Ende November hatten die britischen Linien wieder hartnäckigeren Widerstand geleistet und setzten mit weiteren Verstärkungen zum Sturm auf Rommels erschöpfte und überdehnte Linien an. Da kein Treibstoff und keine Munition mehr vorhanden waren, gab Rommel den Befehl zum Rückzug aus der Cyrenaika. Am Weihnachtstag wurde Bengasi von den Briten zurückerobert, und Anfang 1942 war das Afrikakorps wieder am Ausgangspunkt vom letzten Frühjahr angelangt.

zum nächsten Tag hatte Rommel ein Drittel seiner Panzer verloren. Ein paar Tage später gingen wilde Gerüchte um, die Briten hätten das Afrikakorps eingeschlossen und Rommel sei tot. Aber der »Wüstenfuchs« stellte bald wieder Funkkontakt mit seinem Hauptquartier her, und es schien noch einen Funken Hoffnung zu geben. Immer noch nicht entmutigt durch die Briten, trieb er seine Verbände vorwärts durch die Minenfelder und arbeitete sich an die schwer verteidigte Stadt Bir Hakeim heran. Acht Tage lang hielt die völlig eingeschlossene 1. freifranzösische Brigade tapfer durch, bis sie schließlich kapitulierte. Die britische 8. Armee, der nun die Einschließung drohte, versuchte auf Tobruk zurückzuweichen. Somit stand Rommel der Weg nach Norden durch die sich auflösende Ghasalalinie offen und er konnte seine meisterhaften Taktiken mit einem vernichtenden Schlag nach dem anderen anwenden. Er stieß mit der doppelten Anzahl von Panzern vor wie die Briten, und sein Weg führte unvermeidlich nach Tobruk.

Am 18. Juni wollte Rommel sich die Trophäe holen. Während seine Verbände sich außerhalb des Verteidigungsstreifens sammelten und den Hafen umstellten, wurde dieser pausenlos von Stukas bombardiert. Als die massierten Luftangriffe vorbei waren, belegten das Afrikakorps und das 20. italienische Korps die Stadt mit Feuer aus Hunderten von Geschützen. Am 21. Juni ergab sich Tobruk schließlich. Daheim im Reich war man berauscht, als man von der Kapitulation Tobruks erfuhr. Am 22. Juni beförderte der Führer in seinem Hauptquartier in Ostpreußen Rommel zum Generalfeldmarschall. Als Tobruk gefallen war und die Briten sich auf dem Rückzug über die Wüste befanden, schien der Sieg für Rommel nur mehr eine Frage der Zeit zu sein.

El Alamein

Im Juli 1942 stand Rommel nur mehr 62 km vom großen britischen Flottenstützpunkt in Alexandria entfernt. In Kairo war der Ausnahmezustand ausgerufen worden. Mit der Zuversicht eines siegreichen Kriegsherrn wagte sich Rommel nun auf unbekanntes Gebiet vor und führte seine Truppen in breiten Verbänden gegen die gut befestigte Stadt El Alamein. Den ganzen Juli und die erste Augusthälfte über trommelte der »Wüstenfuchs« auf die Alameinstellungen ein. Aber die britische 8. Armee vereitelte wiederholt Rommels Versuche, ihre starken Verteidigungen zu durchbrechen. Nach 17 Monaten Wüstenkämpfen waren Rommels Truppen erschöpft von den Anstrengungen, und sein eigener Gesundheitszustand verschlechterte sich. Es fehlten ihm 16.000 Mann auf die volle Stärke, und die Krankheiten unter seinen Männern erreichten epidemische Ausmaße. Für den Angriff auf El Alamein konnte er nur 203 Panzer gegen Montgomerys 767 ins Feld schicken. Der Nachschub war erschöpft und die Briten waren zahlenmäßig weit überlegen, aber er bereitete seine Männer am 30. August auf einen letzten Versuch vor, sich den Weg durch die feindlichen Stellungen ins Innere Ägyptens zu erzwingen.

Im fahlen Mondlicht setzten Rommels Panzer auf der gesamten Front zum Angriff an, rollten mit Artillerie, Geschützen und Granatwerfern nach Osten über die Minenfelder. Am hartnäckigen Widerstand des Gegners erkannte Rommel, dass Montgomery, der neue alliierte Oberbefehlshaber, den Angriff offensichtlich erwartet hatte und darauf vorbereitet war. In dem alles verschlingenden Chaos und der Verwirrung verloren beide Panzerdivisionen ihre Kommandeure und ihr Vormarsch kam zum Erliegen. Generalleutnant Nehring von der 15. Panzerdivision war durch Fliegerangriffe schwer verwundet worden, und Generalmajor von Bismarck von der 21. Panzerdivision war durch eine Mine umgekommen.

Es schien, als ob die gegnerische Luftwaffe und der hervorragende Einsatz der Artillerie in der Abwehr die entscheidenden Faktoren waren, dass Rommel die Kontrolle auf dem Schlachtfeld verlor. Am 23. Oktober machte Montgomery dem Kräftemessen bei El Alamein ein Ende. Mit einem vernichtenden Artillerietrommelfeuer stürmten die Briten in einem wilden Angriff vorwärts. Für die Deutschen, die die volle Wucht dieses Angriffs auffingen, war das eine Katastrophe.

DER LETZTE AKT

Innerhalb einer Woche, nachdem er seine letzten Reserven in die Schlacht geworfen hatte, kämpfte Rommel ums Überleben. Die Schlacht von El Alamein hatte er verloren.
Am 3. November hatte Rommel nur mehr 35 Panzer zur Verfügung. Ohne noch ein Wort von Hitler abzuwarten, nahm er jetzt sein Schicksal selbst in die Hand und gab seinem geliebten Afrikakorps den Befehl zum Rückzug. Für Rommel gab es keine Blitzkriegstaktiken mehr. Stattdessen stand ihm jetzt ein quälender Rückzug über die riesige Wüste bevor mit der beträchtlichen Zahl von über 70.000 deutschen und italienischen Soldaten. Feldmarschall Erwin Rommel, Herrscher über das Schlachtfeld, ein kühner Angreifer, gnadenloser Verfolger des Gegners und besessen von der Erreichung seines Zieles, war schließlich auf einen ebenbürtigen Gegner gestoßen. Die hoch fliegenden Pläne des »Wüstenfuchses« waren in Afrika ein für alle Mal gescheitert.

Rechts: Der Rückzug von Rommels Kräften geht weiter. Ein Krad mit Seitenwagen und ein Opel-Blitz-Lastwagen fahren unter einem von den Italienern auf der Via Balba erbauten Triumphbogen durch. Ohne große Verluste zogen sich die Deutschen über rund 480 km Wüste zurück und waren immer noch in der Lage, dem Gegner gehörig zuzusetzen. Aber trotz des Rückzugs des Afrikakorps blieb Rommel entschlossen und machte sich an die Planung einer neuen Offensive; aber zuerst musste er einmal mit der Versorgung, Auffrischung und Neugruppierung seiner Truppen beginnen.

Oben: Zwei Kommandeure besprechen den nächsten strategischen Zug, während ein italienischer Offizier zusieht. Das dahinter vorbeifahrende Fahrzeug ist ein leichter Horch-Geländewagen Kfz 15. Während Vorbereitungen für die neue Verteidigungslinie bei Mersa El Brega getroffen wurden, nutzte das italienische Kommando die restliche Zeit für eine Neugruppierung seiner zwei Infanteriekorps. Das Afrikakorps beabsichtigte, diese beiden italienischen Infanteriekorps an der Front einzusetzen und die mobilen Verbände im rückwärtigen Gebiet zu lassen. Das Gros der italienischen Armee wurde in den Nordsektor der neuen Verteidigungslinie verlegt und sollte nur für Gegenangriffe herangezogen werden.

Oben: An der Küste bei Bengasi warten britische Soldaten auf ihren Abtransport ins Hinterland als Kriegsgefangene. Sie werden so bald wie möglich aufs europäische Festland verschifft, um den Druck auf die Reserven des Afrikakorps zu mindern. Der Wüstenkrieg war ein »anständiger« Krieg, beide Seiten behandelten ihre Gefangenen gut. Zweifellos fühlten sich die beiden Seiten durch den gemeinsamen Feind, das Klima der nordafrikanischen Wüste, miteinander verbunden. Sowohl die alliierten als auch die Achsentruppen bevorzugten die Kämpfe am Meer, wo man sich wenigstens zwischendurch im Mittelmeer abkühlen konnte. Weiter landeinwärts, je weiter man ins Innere der Sahara kam, schnellten die Temperaturen in die Höhe.

Unten: Junkers Ju 52 auf der Startbahn für den Abtransport verwundeter Soldaten nach Italien nach einigen schweren Verlusten während Rommels erfolgreichem Angriff Ende Januar 1942. Um Bengasi, Derna und Martuba besetzten deutsche Luftverbände schnell alle Landebahnen, was zweifellos zu einer Verbesserung der Versorgungslage führte. Die deutsche Luftherrschaft wurde stärker und den ganzen Februar 1942 über gelangte mehr Nachschub nach Nordafrika. So konnten Männer und Material reibungsloser wieder aufgefüllt werden und die Panzerarmee fasste wieder Mut für eine erneute Offensive. Es herrschte jedoch ein gravierender Mangel an Ausrüstung, und der Nachschub war immer noch nicht zufriedenstellend.

DER LETZTE AKT

Links: Rommel, in Begleitung seines Stabs in Tropenuniform, salutiert auf dem Weg zu einer Lagebesprechung für weitere Angriffe gegen die Briten. Dieses Foto wurde im Juli 1942 aufgenommen, ein paar Wochen nachdem Rommel von Hitler, der sich zu dieser Zeit in der Wolfsschanze aufhielt, zum Generalfeldmarschall befördert wurde. Im Juli 1942 stand Rommel nur mehr 160 km vom großen britischen Flottenstützpunkt in Alexandria entfernt. In Kairo war der Ausnahmezustand ausgerufen worden. Mit der Zuversicht eines siegreichen Kriegsherrn wagte sich Rommel nun auf unbekanntes Gebiet und plante die Eroberung von El Alamein.

Oben: Eine kleine Gruppe von Soldaten des Afrikakorps in Habtachtstellung präsentiert ihre Mauser-Gewehre zum Gruß ihres Kommandanten. Die Soldaten tragen die Feldmütze und die typische Bekleidung für solche formellen Anlässe im Jahre 1942: Afrikafeldbluse mit Hemd und Krawatte, Hosen und Stiefel. Diese Männer werden gerade für ihre Tapferkeit oder guten Leistungen als Schützen auf dem Schlachtfeld ausgezeichnet.

Links: Rommel berät sich mit einem seiner Stabsoffiziere. Man sah ihn oft in seinem Befehlswagen stehen, seine ständige Präsenz an der Front war eine Inspiration für seine Männer und das Um und Auf seines Führungsstils. Rommel wollte Gefechte sehen, und er lenkte sie persönlich von der Front aus, änderte mit dem Aufleben und Abflauen der Kämpfe seine Taktik. Im Juni 1942 war Rommels Truppe über 965 km nach Osten vorgerückt und stand nun nur mehr 97 km vor Alexandria. Den Sieg vor Augen, befahl er seinen Truppen den Angriff auf die Stellungen von El Alamein.

DER LETZTE AKT

Links: Rommel, mit seinem persönlichen Afrikakorps-Stab, überblickt das endlose Gebiet, das vor ihnen liegt. Der Kommandeur zu Rommels Rechten hat den berühmten Ärmelstreifen des Deutschen Afrikakorps auf dem Mantel aufgenäht. Hinter Rommel steht eine Gruppe italienischer Offiziere. Der »Wüstenfuchs« hatte wenig Zeit für höhere italienische Offiziere, hatte aber eine väterliche Art mit ihren Mannschaften. Obwohl die Sprachbarriere offensichtlich zu Verständigungsproblemen führte, half Rommels Elan, seine Energie und bloße Anwesenheit, die sinkende Moral der italienischen Armee zu heben.

Oben: Bei einer Besprechung in seinem Befehlswagen gibt Rommel seinem Stab noch Anweisungen über die Taktiken, die er für die folgende Schlacht ausgewählt hat. Das war kein seltener Anblick, denn Rommel saß lieber vorne bei seinem Fahrer als hinten. Dort hatte er einen viel besseren Ausblick auf die endlose Weite. Mit einer Karte stieg der Feldmarschall bei jedem Vorposten aus dem Wagen und betrachtete sich das umliegende Gebiet ewig lange. Dann stieg er zurück ins Fahrzeug und vertiefte sich wieder in seine Karte, um weiter an einem genialen Schlag gegen die Alliierten zu arbeiten.

Unten: Rommel steht in seinem Befehlswagen, während ein Angehöriger seines Stabs den Offizieren Anweisungen erteilt. Rommel war ohne Zweifel ein Meister der Taktik. Seine Offiziere und sein persönlicher Stab erkannten bald, dass sie es hier mit einem selten fähigen und intelligenten Führer zu tun hatten. Obwohl Rommels taktische Pläne manchmal übertrieben ehrgeizig waren, wurde sein Vormarsch über die Wüste sowohl von den Befehlshabern in Rom als auch in Berlin unterstützt. Als ihm die reiche Ausbeute von Tobruk zu neuer Stärke verhalf, wollte Rommel seinen Sieg gleich ausnutzen. Seiner Überzeugung nach durfte dem Gegner keine Atempause gelassen werden, deshalb war eine Offensive anstatt des weiteren Ausbaus seiner Stellungen bei Mersa El Brega der einzige Weg zu einem schnellen Sieg. El Alamein war einer der wenigen Orte in der Wüste, wo das Gelände ein Umfassungsmanöver unmöglich machte. Klippen und Schluchten ermöglichten den Briten bessere Ausgangsbedingungen für die Schlacht.

Rechts: Der Angriff auf El Alamein geht endlich los. Rommel und sein Stab beobachten, wie Fahrzeuge zur Frontlinie vorrollen. Am 13. Juli 1942 führte die 21. Panzerdivision einen koordinierten Angriff mit Panzern und Infanterie durch, der aber bald vom schweren feindlichen Artilleriefeuer abgewehrt wurde. Drei Tage später stieß die 21. Panzerdivision erneut auf dieses Problem. Die erste Schlacht von El Alamein begann erst am 21. Juli, als Panzerverbände unter schweren Verlusten der alliierten Truppen zur Gegenoffensive ansetzten. Für Rommel, der den Verlauf der Schlacht von seinem Befehlswagen aus verfolgte, war das ein entscheidender Moment im Nordafrikafeldzug.

DER LETZTE AKT

Links: Rommel in seinem Kfz 15 (mittlerer Einheits-Pkw) während der Schlacht von El Alamein. In der offenen Wüste brannte die Sonne herunter, besonders zu Mittag war sie kaum auszuhalten. Das Wetterdach ist geschlossen, um die Temperaturen möglichst gering zu halten und das Eindringen von Staub in den Wagen zu verhindern. Das waren anstrengende Zeiten für den »Wüstenfuchs«, und er wusste, dass die Briten immer mehr Verstärkungen erhielten. Sein Stab schätzte, dass bis zum 20. August 1942 der Gegner über 900 weitere Panzer, 850 Panzerabwehrkanonen und 550 Geschütze erhalten würde. Rommel besaß nur rund 500 Panzer. Er sah der drohenden Niederlage nun direkt ins Auge.

Oben: Für die effektive Fortführung der Kämpfe braucht eine Armee vor allem einen entsprechenden Vorrat an Waffen, Munition und Treibstoff. Hier sieht man Soldaten des Afrikakorps beim Entladen großer Treibstofffässer von einem erbeuteten britischen Nachschubzug. Einige der Eisenbahnwagen sind scheinbar aus der Luft angegriffen worden, was die Lokomotive zum Entgleisen brachte. Für beide Seiten war die ausreichende Versorgung der Truppen der wichtigste Faktor im Wüstenkrieg. Die Nachschublinien beider Seiten erstreckten sich über rund 650 km vom Hauptstützpunkt. Für die Achse war das Tripolis, für die Alliierten Alexandria. Beide Seiten überdehnten aber ihre Nachschublinien auf ihrem Vormarsch, bevor genügend Zwischenstützpunkte für den Nachschub eingerichtet werden konnten. Folglich hatten sie bald mit viel zu langen Nachschubwegen und einem Versorgungsengpass zu kämpfen. Da sie ihre Stellungen gegenüber einem Gegner mit kürzeren Nachschublinien nicht halten konnten, waren sie zum Rückzug gezwungen.

199

Rechts: Ein deutscher Soldat fotografiert ein von den Briten in Ägypten aufgestelltes Schild, das die Straße nach Wavell benennt, dem früheren alliierten Befehlshaber in diesem Gebiet. Nach der Eroberung durch das Afrikakorps wurde das Schild zu Ehren des neuen Hausherrn auf »Rommelweg« geändert. Wavells Erfolg gegen Rommel war unterschiedlich, so wie auch bei seinem Nachfolger Auchinleck, doch schon bald sollten die Alliierten einen neuen Kommandeur in der Wüste haben, und zwar General Bernard Law Montgomery. Er war ein mitreißender Befehlshaber wie Rommel und sollte zum ersten Mal bei El Alamein dem berühmten »Wüstenfuchs« auf dem Schlachtfeld gegenüberstehen.

Oben: Ein Zwischenlager mitten in der Wüste. Die Nachschublinien waren die »Hauptarterien« jeder Armee, die in Nordafrika durchhalten wollte. Aufgrund von Angriffen der Royal Air Force im August 1942 reduzierte sich der deutsche Nachschub um rund 20 Prozent. Rommels Nachschubprobleme wurden noch weiter verschärft durch den Mangel an Ersatzteilen für die zahlreichen Lastwagen des Afrikakorps. Ganze 80 Prozent von ihnen waren britische Beutefahrzeuge, nur eine kleine Zahl deutscher und italienischer Lkw traf nach und nach ein. Die Versorgungslage war in diesem August besonders schlimm geworden. Die Soldaten hatten zu wenig zu essen, daher wurden die Brotrationen halbiert. Mitte August hatte das Afrikakorps noch Munition für acht bis zehn Tage und gerade genug Treibstoff, um mit einer Panzerdivision eine Strecke von nicht ganz 100 km in drei Tagen zurückzulegen.

DER LETZTE AKT

Oben: Offiziere des Afrikakorps beim Geländestudium. In der Ferne sieht man gepanzerte Fahrzeuge in einer schützenden Bodenvertiefung in Wartestellung vor dem Weitermarsch. Rechts scheint eine Fliegerabwehrkanone auf einer Halbketten-Zugmaschine zu stehen. Wahrscheinlich handelt es sich um die äußerst wirkungsvolle 2-cm-Flak 38, montiert auf ein 3,08-Tonnen-Demag D7. Diese Waffe wurde vorwiegend in der Wüste eingesetzt, um die hinter einem Panzerangriff folgende Infanterie festzunageln. Sie wog 1509 kg und die Mündungsgeschwindigkeit betrug 900 m/s, die maximale Schusshöhe 2200 m.

Oben: Abgekämpfte britische, französische und koloniale Soldaten marschieren ins Hinterland, wo ihnen eine schwierige Zeit als Kriegsgefangene bevorsteht. Interessant ist, wie viele unterschiedliche Kleidungsstücke sie tragen, besonders die Männer aus den Kolonien. Einige Männer tragen französische Mäntel und Stahlhelme aus der Zeit vor 1940. Besonders beachtenswert ist der Soldat in der Bildmitte, der die volle Feldbekleidung der französischen Fremdenlegion trägt.

Oben: An der Küste landen Flugzeuge mit weiterem Nachschub für Nordafrika. Am Rand der Landebahn parkt ein SdKfz 7 Halbkettenfahrzeug. Während des gesamten Afrikafeldzugs wurden Flugzeuge eingesetzt, um den Transport auf dem Seeweg einzuschränken. Das war zweifellos die beste und effektivste Methode zur Versorgung der Truppen. Dadurch wurden nicht nur Tausende Tonnen von Nachschub vor der Versenkung durch feindliche Schiffe bewahrt, sondern es wurde auch der Transport auf den Straßen von Häfen wie Tripolis, Bengasi und Tobruk verkürzt. Straßentransporte über große Strecken auf schlechten Fahrbahnen erforderten Unmengen an Treibstoff, deshalb verringerte jeder zurückgelegte Kilometer Rommels schnell abnehmende Treibstoffreserven.

DER LETZTE AKT

Oben: Soldaten versammeln sich um ein Radio vor einem Zelt südlich von El Alamein im Sommer 1942. Wie so viele Soldaten, die weit von der Heimat entfernt kämpften, suchten auch die Männer des Afrikakorps die Kameradschaft und waren entschlossen, aus der wenigen Freizeit, die ihnen zur Verfügung stand, das Beste zu machen. Inzwischen fehlte es dem Afrikakorps an Unterhaltung, und die Essensrationen waren halbiert worden. In den kurzen Pausen zwischen den Gefechten sorgten die Männer selbst für Zeitvertreib. Meist verbrachten sie die Zeit mit dem Lesen alter Zeitungen und Zeitschriften.

Unten: Eine Gruppe hoch dekorierter Offiziere hat etwas zu lachen, weil der Major mit umgehängtem Feldstecher eine Schildkröte in der Hand hält. Auch hier sind wieder verschiedene Uniformstile des Deutschen Afrikakorps zu sehen. Der Major trägt die Tropenversion des fast ähnlichen wasserdichten Kradmantels, der nicht zu verwechseln ist mit dem Einheitstropenmantel aus dunkelbraunem Wollstoff. Dieser Mantel hatte eine olivgrüne Farbe, ähnlich jener der Tropenfeldbluse. Er war zweireihig und mit zwei großen Seitentaschen ausgestattet.

BLITZKRIEG

Oben: Ein britischer Beutepanzerwagen einer Fernmeldeeinheit des Afrikakorps hält in einem Lager. Fernmeldewagen begleiteten die Panzer auf ihrem Vormarsch überall hin und stellten die notwendigen Verbindungen für die Befehlshaber her, um ihre Truppen führen zu können. Funk wurde in der Wüste umfassend eingesetzt, da die Verlegung von Leitungen sehr zeitaufwändig war. Jeder Befehlswagen war mit einem Empfänger ausgestattet, und jede Artillerieeinheit hatte Anlagen mit einer Hauptfrequenz für den Notfall. Funkwagen waren mit weit reichenden Anlagen ausgestattet, was in der Wüste von wesentlicher Bedeutung war.

Rechts: Nordafrikaner posieren für die Kamera, während ein Offizier auf seinem Volkswagen Typ 82 Kfz 1 durch sein Fernglas die Wüste überblickt. Je nach Gelände konnten die Soldaten an einem sehr klaren Tag in der Wüste bis zu 40 km weit sehen. Das Afrikakorps nutzte die große Bewegungsfreiheit in der Wüste voll aus. Das Fehlen von Geländehindernissen und der Einsatz von Panzereinheiten wie im Blitzkrieg gegen Polen und Westeuropa gab den Angriffsspitzen die Möglichkeit, in mehreren Kolonnen in weit ausholenden Bewegungen vorzurücken und den Gegner zu besiegen, wo immer dies möglich war.

DER LETZTE AKT

Rechts: Ein Posten eines Pionierbataillons in der Libyschen Wüste im Sommer 1942. Der Pionier trägt einen Tropenhelm und die Grunduniform des Afrikakorps. Die Hauptaufgabe der Pioniere bestand darin, die Mobilität der Division zu erhalten; sie mussten unter anderem Hindernisse ausmachen und beseitigen, Minenfelder markieren und Minen räumen, um den Vorstoß der Panzer zu ermöglichen. Wenn ein Weg durch ein Minenfeld erzwungen werden musste, arbeiteten sich die Pioniere mit einem Bajonett oder einem Minensuchgerät vorsichtig vor. Dann wurden die Minen entfernt und die so gewonnene Lücke markiert. Auf diese Weise wurden die alliierten Verteidigungen bei Tobruk durchbrochen.

Oben: Angehörige eines Fernmeldebataillons mit ihren leichten Funkgeräten (Torn.Fu.b1) und einer »T«-Antenne in der Wüste. Wahrscheinlich war das ein vorgeschobener Beobachtungsposten, von dem verschiedene Nachrichten ans Divisionshauptquartier gesendet wurden, darunter auch genaue Positionsangaben, um den Gegner unter Beschuss zu nehmen oder die Panzereinheiten zum Angriff zu koordinieren. Diese Funkgeräte waren unerlässlich, sie ermöglichten die Weiterleitung von feindlichen Bewegungen und anderen wichtigen Informationen an das Hauptquartier.

205

Oben: Zwei Besatzungsmitglieder neben ihrem PzKpfw III in der offenen Wüste. Dieser Panzertyp stellte im Nordafrikafeldzug die Hauptschlagkraft dar. Im Kampf Panzer gegen Panzer spielte er eine überragende Rolle. Mit seiner 5-cm-Kanone war er gegenüber allen anderen in der Wüste auftretenden Panzertypen im Vorteil. Wie bei früheren Feldzügen des Blitzkriegs, bewährte sich der schnelle und bewegliche PzKpfw III besonders beim Überrennen feindlicher Stellungen. Die 5-cm-Kanone wurde als Artilleriewaffe gegen vorgeschobene feindliche Kolonnen mit vernichtender Wirkung eingesetzt.

Unten: Die Soldaten des Afrikakorps sind bereit für die Schlacht um El Alamein und können es kaum erwarten, ihren Vormarsch fortzusetzen. Ein SdKfz 251 und ein PzKpfw III (Ausführung G) sind bereit für den wohl kühnsten Versuch Rommels, den britischen Gegner zu vernichten. Vorne am Halbkettenfahrzeug ist ein Rad befestigt, wahrscheinlich als zusätzliche Panzerung. Auch der Panzer erhielt durch vorne und seitlich angebrachte Kettenglieder eine Zusatzpanzerung. Die Ausführung G erkennt man am Flansch um die MG-Kugelblende, an dem der wasserdichte Stoffbalg befestigt wird.

Oben: Ein PzKpfw III (Ausführung G) der 21. Panzerdivision auf dem Vormarsch. Vom Beginn des Feldzugs im Februar 1941 bis Mitte 1942 hatte sich der Aufbau eines Panzerregiments drei Mal geändert. Jedes Panzerregiment verfügte insgesamt über 204 Panzer, von denen 136 leichte Panzerkampfwagen waren (PzKpfw I und II) und nur 68 mittlere und schwere PzKpfw III und IV. Bis 1942 waren die meisten PzKpfw I schon ausgelaufen und das Panzerregiment war in drei Bataillone untergliedert worden, von denen jedes 201 Panzer umfasste. Es gab 68 PzKpfw II, 102 PzKpfw III und 30 PzKpfw IV. Die Bataillone waren in zwei leichte Panzerkompanien und eine mittlere Panzerkompanie unterteilt.

BLITZKRIEG

Links: Ein PzKpfw III (Ausführung G) rast durch die Wüste. Der Sand wird von den Ketten des Panzers aufgewirbelt, wodurch sich riesige Staubwolken auftürmten, die kilometerweit zu sehen waren. Draußen in der Wüste wurde bei frontalen Panzerangriffen eher seltener eine Offensivtaktik angewandt. Hauptangriffe wurden gegen eine oder beide Flanken des Gegners geführt. Die Panzertaktiken, vor allem jene des PzKpfw III, begann gewöhnlich mit einem Eröffnungsfeuer auf rund 1600 m Entfernung, was normalerweise unter der effektiven Reichweite feindlicher Waffen lag. Sobald Kontakt hergestellt war, wurde das Marschtempo sofort vermindert, die 5-cm-Kanonen wurden aber weiter eingesetzt, um die Panzer des Gegners außer Reichweite zu halten. Der PzKpfw III hatte hauptsächlich die Aufgabe, die Panzerabwehrkanonen und alle sichtbaren Feldgeschütze des Gegners auszuschalten.

Rechts: Mit seinem starken Motor schafft der PzKpfw III (Ausführung G) die große Steigung der Sanddüne. An der Seite des Turms sind mehrere Stielhandgranaten angebracht. Hinten am Turm sieht man Wasserflaschen. Die Besatzung hat einige Ausrüstungsteile über der Motorraumabdeckung verstaut, darunter eine Kiste mit Nachschub und eine zusammengerollte Plane, die als eine Art Überdach über den Panzer gespannt werden konnte und die Erkennung durch den Gegner erschwerte. Hauptsächlich wurde sie aber zum Schutz der Besatzung vor feindlichen Angriffen dazu verwendet, den Panzer als Lastwagen zu tarnen. Dazu wurde sie von der Mitte des Panzerturms mit Hilfe einer Verstrebung in einem Winkel von höchstens 45° straff gespannt und mit Heringen am Boden festgemacht.

Oben: Zerstörte Fischerboote an der Mittelmeerküste nach Angriffen von Bombern der Royal Air Force. Die meisten Angriffe der britischen Luftwaffe Ende 1942 wurden von Start- und Landebahnen in Ägypten und Malta aus geführt. Es wurden weiterhin Tausende Tonnen deutscher Nachschubschiffe von der R.A.F. versenkt. Diese Luftangriffe richteten an großen Teilen der nordafrikanischen Küstenlinie beträchtliche Schäden an, darunter in Tripolis, Bengasi und Tobruk.

Oben: Ein MG-34-Trupp behält Stellungen bei El Alamein im Auge, September 1942. Neben dem so genannten Schützen 1 der Schütze 2. Seine Aufgabe war es, dem MG die Patronengurte zuzuführen und dafür zu sorgen, dass die Waffe sauber und einsatzfähig blieb. Das MG 34 war eine ausgezeichnete Kampfwaffe. Es wog 12,1 kg und hatte eine maximale Mündungsgeschwindigkeit von 762 m/s. Die Munitionsführung erfolgte über ein Trommelmagazin mit 75 Schuss oder Patronengurte mit 250 Schuss. Beachtenswert ist auch das Teleskopvisier auf der Dreibeinlafette. Es besteht eine mechanische Verbindung zum Abzug, sodass das Gewehr über den Griffabzug abgefeuert werden kann. Bei guter Sicht, Tarnung und ausreichender Munition konnte ein MG 34 ein ganzes angreifendes Regiment aufhalten. Die Anhöhe ist ein perfekter Platz für dieses MG-Nest, das vorrückenden gegnerischen Truppen schwere Verluste zufügen konnte.

BLITZKRIEG

Rechts: Eine gut getarnte 3,7-cm-Panzerabwehrkanone in einer Stellung südlich von El Alamein. Der Artillerist versucht mit Hilfe seines Feldstechers die Entfernung zum Ziel zu bestimmen. In der Wüste wurde fast jede Kanone in einer Vertiefung in Stellung gebracht und mit einem Netz getarnt. Eine in einer Linie mit dem Gelände abschließende Grube war weniger gut zu sehen als eine mit erhöhtem Rand. Wie die Fahrzeuge erhielten auch die Artilleriegeschütze einen matten sandfarbenen Anstrich. Mit Tarnnetzen und speziellen Matten bedeckt »verschwanden« die Geschütze sehr gut im Wüstenboden.

Oben: Zwischen den Felsen hat sich ein Soldat als Schutz gegen den Feind ein kleines Deckungsloch gegraben. In diesen Deckungslöchern, in denen ein Soldat ein paar Tage aushalten konnte, fand man schnellen Schutz vor Boden- und Luftangriffen. Daneben ist das Schanzzeug zu sehen. Vor allem war darauf zu achten, dass man sich eine Stelle aussuchte, wo das Graben leicht fiel und die Möglichkeit bestand, mit den anderen Soldaten der Einheit zwecks gegenseitiger Unterstützung in Verbindung zu bleiben. Diese Felsen geben den Soldaten des Afrikakorps gute Deckung, erschweren aber das Graben.

DER LETZTE AKT

Oben: Verschiedene Panzerfahrzeuge und Panzer bahnen sich in der berühmten »V«-Formation des Afrikakorps einen Weg durch die offene Wüste. Ein Bataillon mit rund 75 Panzern fuhr gewöhnlich in dieser Formation, wobei zwei Kompanien führten und eine in Reserve blieb. Die Kompanien mit ihren in Kolonne fahrenden Panzern stießen üblicherweise in einem Abstand von 55 m in Wellen vor, mit vier oder sechs Panzern in der Tiefe und unter Ausnutzung des weiten und offenen Geländes. Die relativ enge Formation ließ sich leichter führen als eine breit gestreute. Trotz des schnellen Vormarsches wurde der Abstand zu Feldartillerie und Panzerabwehrwaffen so gering wie möglich gehalten. Aus der Luft war es ein wirklich beeindruckender Anblick, wenn man ein Dutzend Panzerwagen durch die Wüste rasen sah und dahinter die sich auftürmenden Staubwolken. Diese Fahrzeuge waren eigentlich leichte Ziele, und doch schienen einige R.A.F.-Piloten Bedenken zu haben, deutsche Panzerformationen in den vorderen Gebieten anzugreifen.

Oben: Eine Panzerabwehrkanone im Gefechtseinsatz Ende August 1942. Eine Panzerjägerabteilung bestand aus drei Kompanien, die je einen leichten Zug mit vier 3,7-cm-Pak und zwei mittleren Züge mit drei 5-cm-Pak umfasste. Durch ihre Schnelligkeit und Mobilität im Gelände war die Panzerjägerabteilung eine ausgezeichnete Einheit. Bei der Verteidigung deckte sie im Durchschnitt einen Bereich von 400 x 400 m ab. In der Offensive übernahm sie meist den Flankenschutz, konnte aber auch feindliche Panzer mit tödlicher Wirkung angreifen.

Oben: In der riesigen, öden und baumlosen Landschaft wartet ein MG-34-Trupp auf den Gegner. Die Männer verwenden das Teleskopvisier auf der Dreibeinlafette. Aus diesem Foto geht gut hervor, dass nicht alle Kämpfe im flachen Gelände ausgetragen wurden. Das MG 34 war die wichtigste Infanterieunterstützungswaffe und kam zum ersten Mal kam in Polen 1939 zum Eisatz. Die Lafette verlieh dem Maschinengewehr genügend Stabilität für eine Reichweite von maximal 2000 m.

211

Rechts: Eine 15-cm-sFH 18 in ihrer Feuerstellung bei El Alamein im September 1942. Den Befehl über die Batterie hat ein technischer Unteroffizier, der links zu sehen ist. Noch immer ist der aufgewirbelte Staub vom letzten Schuss auf die feindlichen Stellungen zu sehen. Ein neues Geschoss wird mit einem langen Ansetzer in das Rohr geschoben, dann folgt die Kartusche mit der erforderlichen Treibladung. In einer Panzerdivision gab es in einem Artillerieregiment gewöhnlich drei voll mechanisierte Batterien: zwei Feldbatterien mit zwölf 10,5-cm-Haubitzen, eine mittlere Batterie mit einer Einheit mit vier 10,5-cm-Haubitzen und zwei Einheiten mit vier 15-cm-Haubitzen.

Oben: Der Artilleriekommandant hebt seine Hand und gibt damit der Geschützmannschaft das Signal zum Feuern. Das Afrikakorps hatte zahlreiche Kanonentypen im Feld, darunter auch viele britische Beutekanonen sowie russische Feldartilleriegeschütze, die von der Ostfront nach Nordafrika gebracht worden waren. Da Schnelligkeit in der Wüste von wesentlicher Bedeutung war, musste der Artilleriekommandant für eine sorgfältige und rechtzeitige Planung sorgen. So konnte er sicher stellen, dass seine Geschütze den Panzern die schnellste direkte Unterstützung gaben und in der Lage waren, ihrem Vormarsch so rasch wie möglich zu folgen.

DER LETZTE AKT

Links: Britische Panzer sind von starken deutschen Verteidigungsstellungen beschossen und zerstört worden. Die Verteidigungstaktiken der Deutschen waren einzigartig. Das Gebiet vor den vordersten Verteidigungsstellungen wurde mit Sperrfeuer belegt, eine Feuerwand schützte vor Infanterie- und Panzerangriffen. Während dieses schweren Dauerbeschusses wurden für taktische Erkundungsvorstöße der Deutschen absichtlich Schneisen offen gelassen. Die effektivste Waffe der Deutschen während des Afrikafeldzugs war die 8,8-cm-Flak 18. Diese Mehrzweckwaffe war auch in der Panzerabwehr einsetzbar. Auf eine Entfernung von 2000 m konnte die Fliegerabwehrkanone 13,2 cm Panzerstahl sehr wirkungsvoll durchschlagen.

Unten: Ein erbeuteter britischer Morris C8 4 x 4 »Quad«-Zugwagen für Feldkanonen und Munitionsanhänger. Dieser Morris hier zieht eine britische 25-Pfünder-Kanone (8,76 cm), die einen leichten oder mittleren Panzer außer Gefecht setzen konnte. Einige dieser Kanonen und Panzerfahrzeuge kamen beim Afrikakorps gegen ihre früheren Besitzer zum Einsatz.

BLITZKRIEG

Oben: Soldaten der Fernmeldetruppe spannen Telefonleitungen. Fast alle Leitungen wurden vom Afrikakorps anfangs im Boden verlegt. Durch den vielen Verkehr, der über sie rollte, wurden sie jedoch häufig beschädigt oder manchmal sogar durchtrennt. Also beschloss man, diese Schäden am besten durch Oberleitungen zu vermeiden. Diese Art der Kommunikation erlaubt den verschiedenen Befehlsstellen die erfolgreiche Weitergabe von Befehlen im Feld und schaltete gleichzeitig jedes Risiko aus, vom Gegner abgehört zu werden.

Oben: Die Bedienung eines MG 34 auf einem Bergrücken mit voller Sicht auf das darunter liegende Gelände. Das MG 34 war das erste vielseitig einsetzbare Maschinengewehr der Welt, es konnte sowohl als schweres als auch leichtes MG verwendet werden. Es hatte eine effektive Reichweite von 2000 m. Bei guter Sicht und genügend Munition konnten auf einem Abschnitt von mehreren Kilometern mit dem MG 34 ohne weiteres Dutzende angreifende Soldaten ausgeschaltet und der Rest stundenlang aufgehalten werden. Trotz seines großen Nachteils, der schnellen Überhitzung bei Dauerfeuer, war es immer noch eine beeindruckende Waffe und wurde bis 1945 hergestellt.

Rechts: Soldaten handeln mit den Einheimischen um Eier und andere Delikatessen. Im Großen und Ganzen behandelten die Deutschen die Einwohner in Nordafrika mit einem gewissen Respekt. Angelockt durch die billigen Preise, kauften die Soldaten oft alle möglichen Waren, auch Mitbringsel für daheim, die die örtlichen Händler gerne lieferten. Wenn es die Möglichkeit gab, Eier und andere seltene Lebensmittel zu kaufen, war das für die Männer schon sehr verlockend, besonders nachdem die Verpflegung in der späteren Phase des Feldzugs streng rationiert und eintönig geworden war.

214

DER LETZTE AKT

Links: Soldaten mit durchlöcherten britischen Treibstofffässern, die wahrscheinlich von der Luftwaffe zerstört wurden. Ende August 1942 hatte das Afrikakorps mit einem extremen Treibstoffmangel zu kämpfen. Wegen der Versenkung einer immer größeren Zahl von Versorgungsschiffen der Achse in den Gewässern zwischen Italien und Nordafrika mussten die Frachter im Hafen von Tripolis anlegen. Das hieß aber, dass der Treibstoff über eine Strecke von rund 2250 km zur Front transportiert werden musste, was zu einer Überdehnung von Rommels Nachschublinien auf dem Land führte. Der Kommandeur hatte nun zwei Möglichkeiten: Entweder er ging zurück – und zwar weit – oder verschob weitere Angriffe bis zum Eintreffen größerer Nachschubmengen.

Links: Anfang Oktober 1942. Soldaten schauen aufs Mittelmeer hinaus und fragen sich wahrscheinlich, wann sie wohl wieder zu ihren Familien und Freunden heimkehren können. Aber das war auch schon der Anfang vom Ende für das Afrikakorps. Einerseits waren ihm die Hände gebunden wegen des fehlenden Nachschubs, andererseits war nun auch der Gegner in der nummerischen Überlegenheit. Die Deutschen hatten es geschafft, ausgezeichnete Verteidigungsstellungen mit einer Tiefe von 16 km zu bauen und waren durch über fünf Millionen Minen geschützt, mit denen Rommels so genannte »Teufelsgärten« angelegt wurden, aber sie waren immer noch rund 2250 km von Tripolis entfernt und ihre Nachschubwege waren bis zum Reißen überdehnt.

BLITZKRIEG

Links: Hoch oben auf dem Minarett einer Moschee befindet sich ein Beobachtungsposten des Afrikakorps. Die Männer haben einen Draht installiert, um einen guten Empfang mit dem kleinen, leichten Funkgerät zu haben. In der Wüste war Kommunikation so wichtig, dass die Soldaten unbedingt mit anderen Einheiten in Kontakt bleiben mussten. Wenn eine Einheit keinen Funk hatte, verwendete sie Flaggensignale für kurze Nachrichten oder zwecks Erkennung, besonders die kleinen Panzereinheiten. Die Zeichengebung mit Fahnen von großen Gebäuden oder einer Höhe war die einfachste und effektivste Methode zur Nachrichtenübermittlung. Auf dem nordafrikanischen Kriegsschauplatz wurden optische Signale für die Übermittlung von Daten zwar nicht sehr umfassend eingesetzt, aber von beiden Seiten benutzt.

Unten: Anscheinend ein außer Gefecht gesetzter alliierter Panzer. Der große Schaden lässt darauf schließen, dass er Feuer gefangen hat und dann seine an Bord verstauten Geschosse, MG-Munition, Handgranaten und Leuchtkugeln detoniert sind. Ende 1942 handelte es sich bei den meisten neu herangeführten britischen Panzern um von den Amerikanern gebaute »Sherman«- und »Grant«-Panzer, während nur ein Sechstel der von den Deutschen gebauten Panzer die starken PzKpfw IV waren. Ende Oktober hatten die Deutschen nur 173 PzKpfw III gegen 422 »Grant«- und »Sherman«-Panzer aufzubieten. Vom PzKpfw IV standen insgesamt 38 den 607 »Crusader«-, »Stuart«- und »Valentine«-Panzern gegenüber.

DER LETZTE AKT

Rechts: Soldaten graben Verteidigungsstellungen vor der britischen Operation »Lightfoot« am 23. Oktober 1942. Die Operation »Lightfoot« war der Auftakt zur zweiten und berühmteren Schlacht bei El Alamein, die sich für das Afrikakorps als Wendepunkt erweisen sollte. Der Angriff wurde von General Montgomery gestartet, das Hauptgewicht der britischen Eröffnungsschläge lag im Norden und Süden. Die Deutschen leisteten heftigen Widerstand, und in einigen Abschnitten waren die Verteidigungen für die Briten fast unüberwindbar. Das lag aber nicht an ihnen, denn die Deutschen waren inzwischen wahre Meister des Abwehrkampfes. Gelernt hatten sie diese Methoden an der Ostfront, und jetzt wandten sie sie überall in der nordafrikanischen Wüste an.

Unten: Ein Soldat hebt eine zwischen den Steinen liegende tote Gazelle, die er gerade gejagt und erlegt hat, bei den Hörnern auf. Frischfleisch muss eine willkommene Abwechslung für die Männer gewesen sein, die ihre üblichen, eintönigen Dosenrationen schon satt hatten. Selbst das erbeutete britische Corned Beef, das die Soldaten genossen, konnte es nicht mit einem warmen, frisch zubereiteten Stück saftigen Fleisches aufnehmen. Dieser Soldat ist mit einem 7,92-mm-Karabiner 98b (Kar) bewaffnet. Das Gewehr hatte eine Länge von 1,25 m und ein Gewicht von 4 kg. Mit einer Mündungsgeschwindigkeit von 785 m/s war es die meisteingesetzte deutsche Handfeuerwaffe in Nordafrika.

217

Unten: Ein Soldat des Afrikakorps mit Tropenhelm, Tropenhemd, dazu passender kurzer Hose sowie Schnürschuhen holt Wasser, vermutlich für den Kühler seines Fahrzeugs. Bei seinem Fahrzeug handelt es sich um ein erbeutetes britisches Zugfahrzeug Morris C8 4 x 4 »Quad«, das in erster Linie für das Ziehen von Feldkanonen und Munitionsanhängern diente. Beim Wasserfassen aus den Brunnen war größte Vorsicht angesagt, denn die Briten verseuchten Wasserlöcher, Brunnen oder Destillieranlagen mit tödlichen Chemikalien. Diese konnten jedoch meist mit speziellen chemischen Verfahren wieder gereinigt werden. Jeder Lastwagenfahrer, Soldat und Offizier war ständig auf der Ausschau nach Wasser, jeder beschädigte oder verbeulte Wasserbehälter wurde aufgesammelt und wieder zusammengeschweißt. Das Afrikakorps wurde zwar von zahlreichen Wasserkolonnen begleitet, aber die permanente Überdehnung der Nachschublinien zur Front gefährdete manchmal die Versorgung, wovon Männer und Fahrzeuge betroffen waren.

Links: Mit ihren Pickeln heben zwei sonnengebräunte Soldaten eine Grube für ihr Zelt aus. Der Platz ist gut gewählt, denn er ist durch eine Felswand gegen die heftigen Wüstenstürme geschützt. Die plötzlich aufziehenden Sandstürme wehten einem scharfe Sandkörner ins Gesicht, reduzierten die Sicht dabei auf weniger als 7 m und machten das Leben in der Wüste besonders gefährlich. Die Männer mussten daher das Zelt unbedingt an einem entsprechend geschützten Platz aufbauen, der sie in den extrem kalten Nächten warm hielt und die Befestigung durch Sandsäcke erlaubte, damit das Zelt nicht plötzlich von einem Sturm weggerissen wurde.

DER LETZTE AKT

Links: Pioniere holen Wasser aus einem Wasserloch. Bei diesen Brunnen sprudelte das Wasser nicht wie bei einer Quelle aus der Erde, sondern befand sich normalerweise in einer Tiefe von mehreren Metern. Das Wasser wurde mit Pumpen oder anderer Ausrüstung an die Oberfläche befördert. In diesem Fall wird eine Winde eingesetzt. Selbst auf dem Rückzug über die Wüste behielt das Afrikakorps immer noch seine zahlreichen Wasserkolonnen, von denen jede mit einer tragbaren Wasserpumpe mit Hochtank ausgerüstet war. Dieser besaß eine Zapfstelle, sodass Fahrzeuge und Kanister gleich nach Aufstellung der Pumpe gefüllt werden konnten. Mehrere Spähtrupps wurden ausgeschickt, um Ersatzteile zu suchen, die im Notfall für die Errichtung solcher Anlagen verwendet werden konnten.

Oben: Ein Fernmeldebataillon bei einer kurzen Pause westlich von Alam El Halfa im September 1942. Die Afrikafeldmützen der Männer sind schon so stark ausgebleicht, dass sie im Vergleich zu ihren dunkelolivgrünen Feldblusen schon weiß erscheinen. Weiter vorwärts sollte dieses Fernmeldebataillon nicht mehr kommen, denn für das Afrikakorps war jede Hoffnung verloren. Nach der Schlacht von El Alamein musste Rommel den langen Rückzug durch die Wüste antreten, aber er rettete damit große Teile der Achsenkräfte vor der Vernichtung. Erst nach dem Fall von Tripolis am 23. Januar 1943 wurde der Rückzug zur Flucht.

219

BLITZKRIEG

Oben: Eine seltene Gelegenheit, eine deutsche Nachschubkolonne zu sehen, die sich zu stecken gebliebenen Einheiten vorarbeitet, die unter heftigen Beschuss des Gegners geraten sind. Dieses Foto wurde im März 1943 aufgenommen, nur ein paar Wochen vor dem Zusammenbruch des Afrikafeldzugs. Bis dahin beherrschten die Alliierten den Himmel und waren den Deutschen zahlenmäßig weit überlegen. Da kaum mehr Nachschub durchkam, war der Rückzug nach Tunesien für die Soldaten ein Kampf mit dem Tod. Ganze Divisionen waren auf eine Stärke von höchstens zehn Panzern geschrumpft, und in allen Divisionen hatte die Gesamtstärke der Truppe einen Tiefststand von ein paar Tausend Mann erreicht.

Oben: Der lange Weg zurück. Ein Horch-Kfz 15 ist im Sand stecken geblieben, Ende November 1942. Der Fahrer unterlegt die Hinterräder mit Brettern, damit sie sich nicht noch tiefer in den Sand eingraben. Aus irgendeinem Grund ist dieses Fahrzeug auf den Strand gefahren und hängen geblieben. Die beiden Offiziere links scheinen keine große Hilfe zu sein und zeigen sich auch nicht allzu besorgt, obwohl das Afrikakorps Ende 1942 im Vergleich zu seinem Gegner kaum mehr über Material verfügte. Kilometerweit sah man Wehrmachtsfahrzeuge über die Wüste verstreut: Entweder waren sie im Schlepptau, weil ihnen der Treibstoff ausgegangen war, oder sie waren wegen irgendeines mechanischen Schadens, der aus Zeitmangel nicht behoben werden konnte, liegen geblieben. Im November 1942 machte Rommel eine Bestandsaufnahme und stellte zu seinem Entsetzen fest, dass er nur mehr 21 Panzer, 36 Panzerabwehrkanonen, 65 Artilleriegeschütze und 24 Fliegerabwehrkanonen besaß, um gegen die mächtige 8. Armee von Montgomery anzutreten. Der deutsche Blitzkrieg in den Wüsten Nordafrikas war damit zu Ende.

Oben: Auf der Ladefläche eines Opel-Blitz-Lastwagens wird eine 2-cm-Flak 30 (leichte Fliegerabwehrkanone) als Unterstützungswaffe der Bodentruppen eingesetzt. Der aufsteigende Rauch deutet darauf hin, dass eine Granate größeren Kalibers in das Gebäude eingeschlagen hat. Die 2-cm-Flak 30 wog 463 kg. Sie hatte eine Mündungsgeschwindigkeit von 900 m/s und eine maximale Schusshöhe von 2200 m. Die Waffe war äußerst effektiv und hatte eine Feuergeschwindigkeit von 120 bis 180 Schuss pro Minute. Sie wurde nicht nur gegen Maschinen im Tiefflug, sondern auch gegen Bodenziele mit tödlicher Wirkung eingesetzt.

Unten: Mit Hilfe eines Scherenfernrohrs kann dieser Soldat die Bewegungen in den feindlichen Stellungen über eine Entfernung von mehreren Kilometern im Auge behalten, ohne selbst gesehen zu werden. Vor der Errichtung einer neuen Linie wurden die Verteidigungsstellungen genau rekognosziert. Die Aufklärung erkundete die Stärke und Möglichkeiten des Gegners im jeweiligen Gebiet. Durch eine Reihe von Erkundungsvorstößen und intensive Beobachtung über ein Fernglas ließen sich die Schwerpunkte des Widerstands für einen erfolgreichen Angriff leicht bestimmen.

BLITZKRIEG

Oben: Ein Gefallenengrab des Afrikakorps als Erinnerung an die enormen Verluste an Menschleben in diesem Feldzug. Jedes der unzähligen Kreuze in der Wüste mit seiner jeweiligen Grabaufschrift berichtete von den Siegen und Niederlagen, den Toten und Verwundeten, Hunger und Durst in diesem Feldzug. Diese Gräber waren die letzte Ruhestätte von Männern, die für ihr Land das höchste Opfer gebracht hatten. Bis Mitte April 1943 hatte das Afrikakorps derart hohe Verluste, dass Rommels Truppen nur mehr einen schmalen Verteidigungsstreifen in der letzten Hügelkette um Bizerta und Tunis hielten. Als das Afrikakorps nur mehr die Wahl zwischen Kapitulation und völliger Vernichtung hatte, kehrte der »Wüstenfuchs«, inzwischen von Krankheit gezeichnet, nach Deutschland zurück, um Hitler um die Erlaubnis zu bitten, die Reste seiner tapferen Armee zu evakuieren. Hitler lehnte ab und gab Rommel unmissverständlich zu verstehen, dass eine Kapitulation nicht in Frage käme. Rommel durfte nicht mehr nach Afrika zurückkehren, damit er im Falle einer Kapitulation nicht in die Hände des Gegners fiel. Ein paar Wochen später, am 12. Mai 1943, ergab sich das Afrikakorps. General der Panzertruppen Cramer setzte eine letzte Meldung an das OKW ab: »Munition verschossen, Waffen und Kriegsgerät zerstört. Das Deutsche Afrikakorps hat sich befehlsgemäß bis zur Kampfunfähigkeit geschlagen. Das DAK muss wieder erstehen.«

NAMENREGISTER

Aa-Kanal 95
Abbéville 96
Afrikakorps 147–189, 191–222
Ägäis 164
Ägypten 147, 148, 192, 200, 209
Albertkanal 67, 68
Alexandria 192, 195, 196, 199
Amsterdam 65, 75
Annopol 50
Antwerpen 66, 68
Ardennen 65, 91, 121
Armbruster, Wilfried 191
Armee »Karpaty« 35
Armee »Lodz« 35, 37, 38
Armee »Modlin« 34
Armee »Pomorze« 35, 36, 46
Armee »Poznan« 35, 36, 46
Arras 98, 120
Artois 103
Auchinleck, Sir Claude 200

Bach, Major 161
Bardia 147
Bar-sur-Aube 117
Basel 118
Beda Fromm 147
Belfort 135, 136
Belgien 65–89
Bengasi 149, 150, 178, 182, 194, 202, 209
Berganzoli, General 147
Besson, Georges, General 93
Bethune-La Bassée 98, 121
Bir Hakeim 192
Bismarck, von, Generalmajor 192
Bizerta 222
Blaskowitz, Johannes von, General 34–36
Bock, Fedor von, General 34, 35, 66
Bodenbach 26–28
Böhmen 10, 18
Bonn 7
Bordeaux 117, 118
Boulogne 93, 94, 102, 106
Brauchitsch, Walther von, General 27–29
Briesen, Kurt von, Generalleutnant 125
Bug 35, 36
Bund Deutscher Mädel 23
Bzura 36, 42

Calais 93, 94
Capuzzo (Fort) 174
Chamberlain, Neville, 9
Charruba 180
Cherbourg 131
Churchill, Winston 148
Compiègne 118
Cramer, Hans, General 222
Cuinchy 121
Cyrenaika 148, 150, 160, 169, 170, 180, 191, 192

Daladier, Edouard 9
Danzig 33
Deblin 50, 55
Den Haag 65
Derna 194
Dinant 92
Division »Ariete« 186
Dordrecht 65
Dünkirchen 91, 92, 95, 110–114, 117, 122, 123, 130, 135
Düsseldorf 7
Dyle 68, 69

Eben Emael 65
Eicke, Theodor 41
El Alamein 192, 193, 195, 196, 198–200, 203, 206, 209, 210, 212, 217, 219
Elsaß 118

»Fall Gelb« 68, 92
»Fall Grün« 9
»Fall Rot« 92, 117
»Fall Weiß« 10
Festung Holland 66
Flandern 91, 103
Flavion 91
Fortune, General, 130
Fox-Pitt, William, Brigadier 102
Frankreich 7–9, 65, 94–115, 117–145

Gambut 187
Gause, General 171
General 27–29
Gennep 66
Ghasalalinie 191, 192
Gleiwitz 33
Göring, Hermann, Reichsmarschall 95, 106, 117, 124, 164
Görkau 26

Gott, Brigadier, 174
Gray-sur-Saône 117
Graziani, Rodolfo, Marschall 147
Großbritannien 7–9, 65, 135
Grudizauz 55
Guderian, Heinz, General 34, 93–95, 117, 118

Hácha, Emil 10
Halder, Franz, General 9
Halfaya-Pass 150, 161, 174
Hitler, Adolf 7–11, 13, 14, 18, 27, 33, 36–38, 65, 95, 102, 103, 114, 118, 126, 135, 147, 148, 164, 192, 193, 195, 220
Hitlerjugend 22, 23
Hoepner, Erich, General 67, 68
Huntziger, Charles, General 118
Huppy 21

Italien 148, 169

Kairo 192, 195
Kesselring, Albrecht, Feldmarschall 147, 155, 161, 163–165
Kielce 55
Kleist, Ewald von, General 94, 117
Kluge, Gunther Hans von, General 34, 65, 91, 92, 117
Köln 7
Kreissl, Bürgermeister 27
Kreta 164
Küchler, Georg von, General 34, 66
Kutno 47
Kutrzeba, General 35, 48

Le Mans 133
Lemberg (Lwow) 36, 55
Lettland 36
Libyen 147–149, 164, 169, 205
List, Wilhelm, General 35, 36
Lodz 34, 35
Loire 131
Lothringen 118
Lüttich 78
Luxemburg 65, 118
Lyon 118

Maas 66–68, 70, 74, 78, 80, 91, 92, 94

223

Maastricht 67
Maddalene (Fort) 187
Maginotlinie 69, 117, 118
Mähren 10, 18
Malta 149, 164, 209
Manstein, Erich von, Feld-
    marschall 95, 133
Martuba 194
Mechili 180
Memel 10
Mersa El Brega 148, 191, 193,
    198
Miklas, Wilhelm 8
Milch, Erhard 27
Mittelmeer 148, 149, 164
Moerdijk 66
Montgomery, Bernard Law,
    General 192, 200, 217, 220
Monthermé 65
Mugtaa 148, 155
Münchner Abkommen 10
Münchner Konferenz 9
Mussolini, Benito 147

Narew 34, 36
Nehring, Walther, Generalleutnant
    192
Nichtangriffspakt 36, 46
Niederlande 65–89

O'Connor, Richard, General 147,
    152
Ochota 50
Olry, General 118
Operation »Battleaxe« 174
Operation »Brevity« 174
Operation »Crusader« 160, 187,
    188
Operation »Lightfoot« 217
Österreich, 8, 11, 13, 23
Ostpreußen 33–35

Panzergruppe Afrika 150, 184
Paris 17, 95, 117, 125–128, 140
Péronne 94
Pitschen 33
Polen 10, 33–63
Polnischer Korridor 33, 35
Pommern 35, 55
Poznan 55

Radom 50, 55
Reichenau, Walter von, General
    35, 42
Reims 117
Reinhardt, Georg-Hans, General
    35, 51
Rhein 7
Rheinland 7, 8
Rommel, Erwin, General (1942
    Generaloberst, Generalfeldmar-
    schall) 67, 92, 94, 97, 106,
    121, 128, 130–132, 148–150,
    155, 160, 163, 165–167, 169,
    170, 173, 174, 181, 182, 184,
    187, 191–200, 206, 215, 219,
    220, 222
Rote Armee 59
Rotterdam 65–67
Rumänien 36, 59
Rundstedt, Gerd von, General 34,
    65, 91, 92, 117
Rydz-Smigly, Eduard, Marschall 36

Saint-Florentin 117
Saint-Maxent 121
San 36, 42, 46
Schmidt, General 35
Schuschnigg, Kurt 8
Sebastianberg 23
Seine 131, 133
Seyß-Inquart, Arthur von 8
Sidi Omar 150

Sizilien 164
Sollum 149, 182
Somme 88, 93, 121
Sowjetunion 35
St.-Valery-en-Caux 130, 131
Stalin, Josef Wissarionowitsch 36,
    46
Streich, Johannes, General 148
Sudetenland 9, 10, 14–31
Suezkanal 148
Syrte 148

Tobruk 147, 148, 150, 170–174,
    184, 189, 191, 192, 198, 202,
    209,
Todt, Fritz 27
Tonnere 117
Tours 117
Tripolis 17, 147–152, 157, 180,
    199, 202, 209, 215, 219
Tripolitanien 193
Tschechoslowakei 9, 10, 14–31
Tunesien 191, 220
Tunis 222

Ulex, General 36
Unternehmen »Winterübung« 7

Versailler Vertrag 7
Via Balba 193
Vichy 118
Vichy-Regierung 191

Warschau 17, 35–37, 47, 49, 51,
    53, 55, 61
Wavell, Sir Archibald, General
    147, 174, 200
Wechmar, Baron Irnfried von,
    Oberstleutnant 178–180
Weichsel 35, 36, 42, 43, 46, 50,
    55, 58